Blaise Pascal

Das Herz hat seine Gründe

Blaise Pascal

Das Herz hat seine Gründe

Die schönsten Aphorismen und wichtigsten Gedanken

echter

Jubiläumsband zum 400. Geburtstag

von

Blaise Pascal
(1623–1662)

Herausgegeben, übersetzt und eingeleitet
von Eduard Zwierlein

Mit Bildern von Kerstin Degen

Wie viele Königreiche wissen nichts von uns!*

---

* Combien de royaumes nous ignorent! (Frgm. 109/42/207)

Inhalt

Hinführung *9*

Die sonderbare Lage des Menschen *17*

Der entthronte König – Zwischen Größe und Elend *31*

Denkendes Schilfrohr –
Über Würde und Ohnmacht des Denkens *45*

Das Herz hat seine Gründe –
Zwischen Feinsinn und Geometrie *59*

Glücksjäger – Auf der Suche nach Glück *73*

Eitelkeiten, Zerstreuungen und andere Illusionen . . . *87*

Wahre Bildung *101*

Den verborgenen Gott suchen *115*

Auf Gott wetten *129*

An Gott glauben – Die wahre Religion *143*

Biographischer Abriss und Zeittafel *159*

Literaturhinweise *163*

Herausgeber und Künstlerin *165*

Hinführung

Der wunderbare und erschreckende Pascal, dessen Gedanken wir in diesem kleinen Buch lesen, ist ein Kind des 17. Jahrhunderts, ein Jahrhundert der aufstrebenden Naturwissenschaften, der Frühaufklärung und auch der Grauen und Nöte des Dreißigjährigen Krieges, und doch überragt Pascal zugleich die Zeiten. Dieser lebenslang kranke und oft von Schmerzen geplagte Mensch hat nicht nur als mathematisches Wunderkind und naturwissenschaftliches Genie seine eigene Zeit in Erstaunen versetzt, sondern erzeugt Verblüffung bei jedem, der sich auch nur ein wenig mit seiner Biografie beschäftigt. Seine geniale Geisteskraft blieb allerdings nicht auf Mathematik und Naturwissenschaft allein begrenzt, was ja schon bewundernswert genug wäre. Als er sie für sich entdeckte, schuf er auch auf dem Feld der Religion, der Philosophie und der Literatur ebensolche Meisterwerke, wie er die großartigsten Berechnungen, Entdeckungen und Erfindungen in den anderen Bereichen leistete.

Am 19. Juni 1623 wurde Pascal in Clermont-Ferrand geboren und wuchs gemeinsam mit einer jüngeren und älteren Schwester auf. Die Mutter verstarb früh, so dass der Vater und eine lebenskluge Haushälterin und Kinderfrau die nächsten Bezugspunkte der Kinder wurden. Wie seine Geschwister besuchte auch Pascal nie eine Schule, sondern wurde vom Vater erzogen. Nach der Art Montaignes wollte der Vater gebildete und rechtschaffene Kinder heranziehen, die möglichst geistreich, umfassend belehrt und verständnisfähig die Dinge der

Kultur aufnehmen konnten. So standen zuerst Sprachen, Geschichte, Religion und ähnliche Gebiete auf dem Lehrplan. Mathematik und Naturwissenschaft blieben bis zu jenem außergewöhnlichen Moment im Leben Blaise Pascals verboten, von dem wir Nachfolgendes wissen.

Als der Vater von seinen Amtsgeschäften einmal früher nach Hause kam, fand er den zwölfjährigen Pascal in seinem Zimmer tief versunken auf dem Steinboden sitzend vor, wo er Linien und Kreise u. Ä. hinzeichnete. Unbemerkt beobachtete ihn der Vater eine Zeitlang. Dann begann er zu verstehen. Er sprach den aufgeschreckten Jungen an und ließ sich erklären, was dieser da tat, und sein Verdacht bestätigte sich. Schockiert ließ der Vater den Jungen einfach zurück und suchte einen guten Freund auf, um ihm das, was er soeben erlebt hatte, zu berichten. Beide kehrten zu dem Jungen zurück und ließen sich alles noch einmal gut erklären: Der Zwölfjährige hatte ihnen gerade aus eigener Kraft in seiner Kindersprache, da er ja die üblichen Begriffe nicht kannte, die ersten 32 Lehrsätze der euklidischen Geometrie folgerichtig hergleitet. Jetzt gab es kein Halten mehr. Auch die Welt der Mathematik durfte sich das junge Genie im Eigenstudium nun aneignen.

Mit sechzehn Jahren, bereits Mitglied in einer Pariser Akademie, verfasste Pascal daraufhin ein wichtiges Werk zur projektiven Geometrie, seine berühmte Abhandlung über Kegelschnitte, die als die beste Schrift seit der Antike gerühmt wurde. Neunzehnjährig entwickelte er in einer ingenieurswissenschaftlichen und denkerischen Meisterleistung die erste funktionierende mechanische Rechenmaschine der Welt und wurde ein Ahnherr der Computerwissenschaften. Mit Barometer-Experimenten zu Luftdruck und Vakuum widerlegte Pascal das seit der Antike bestehende Dogma, dass die Natur kein Vakuum kenne. Wir benutzen daher das Wort *Pascal* auch als Maßeinheit für Druck und mechanische Spannungen, in der Meteorologie zum Beispiel das Hektopascal für den Luftdruck der Atmosphäre. Seine Untersuchungen zur Hydraulik formulierte die wissenschaftliche Basis für den Bau von hydraulischen Pressen, Pumpen und Bremsen. Zusammen mit Pierre de Fermat erschloss Pascal mit seinen Untersuchungen zur Wett- und Spieltheorie die Grundlagen für die Wahrscheinlichkeitstheorie. Nicht zuletzt gelingen Pascal die maßgeblichen Schritte zur Grundlegung der Infinitesimalrechnung. Damit ist der Weg zur Differential- und Integralrechnung frei, d.h., wenn man so will, zur Mathematisierung der gesamten Wirklichkeit.

Pascal, der zunächst ein eher traditionelles Verhältnis zur christlichen Religion gepflegt hatte, dann aber mit dem Glaubensleben um das Zisterzienserinnenkloster Port-Royal des Champs in Kontakt kam und nach einer eigenen spirituellen Praxis zu suchen begann, wurde schließlich im Jahr 1654 mit einem Ereignis konfrontiert, das seinem Leben eine Zäsur und die entscheidende Wendung gegeben hat. Wir hätten nie von dieser Nacht vom 23. auf den 24. November 1654 erfahren, wäre nicht einem Diener bei der Aufbahrung des verstorbenen Pascal zufällig etwas Ungewöhnliches aufgefallen. Denn Pascal hatte sich von jener Nacht ein Mémorial, ein Erinnerungsblatt, angefertigt und es in das Futter seines Mantels eingenäht. Dieses Mémorial wurde nun also entdeckt und unterrichtet uns über ein überwältigendes mystisches Erlebnis, das Pascal selbst der Öffentlichkeit nicht anvertraut hatte. In stockender, atemloser, fast monumentaler Sprache gewähren uns die Wortfragmente und Ausrufungen und Gebetsmomente den Blick auf eine etwa zweistündige mystische Gotteserfahrung, den »Gott Abrahams, Gott Isaaks, Gott Jakobs, nicht der Philosophen und Gelehrten«, eine mitternächtliche Erfahrung des Feuers, der Verwandlung und Umformung, die in Jesus Christus ihre Mitte findet. Pascal hatte seine persönliche Berufung gefunden.

Zwei besondere Früchte dieser Berufung sind zu nennen. Da gab es zum einen den Streit um eine theologische Richtung innerhalb der katholischen Lehre, den Jansenismus, der insbesondere vom Kloster Port-Royal vertreten wurde. In der Abtei Port-Royal de Paris war mittlerweile Pascals Schwester Jacqueline Nonne und stellvertretende Priorin geworden. In diesem Streit, der grundsätzlich um das angemessene Verständnis von Heil, Freiheit und Gnade, aber auch den richtigen Gebrauch der Vernunft ging, ergriff der in Frankreich mächtige Jesuitenorden Partei gegen die Jansenisten. Am Ende stand der Vorwurf im Raum, dass bestimmte häretische Sätze im Hauptwerk von Bischof Cornelius Jansen, dem Begründer des Jansenismus, zu finden seien. Pascal, der zur Verteidigung des Jansenismus um Hilfe gebeten wurde, verfasste daraufhin zwischen 1656 und 1657 unter dem Pseudonym Louis de Montalte die sogenannten *Lettres Provinciales*, die *Briefe in die Provinz*, in denen angeblich ein junger Pariser einem Freund auf dem Lande über moralische und theologische Kontroversen in der Hauptstadt berichtet.

Diese heimlich gedruckten und jederzeit von Inquisition bedrohten Briefe wurden Gesprächsstoff eines begeisterten Publikums in ganz Europa. König Ludwig XIV. hat sie 1660 verboten und auf dem Scheiterhaufen verbrennen lassen. Es nutzte ihm nichts. Humorvoll und amüsant, weltmännisch und geistreich, spöttisch und mit satirischem Ton, polemisch und scharfzüngig warf Pascal die jesuitischen Lehren und Winkelzüge in ein Säurebad, stellte sie bloß und gab sie überall der Lächerlichkeit preis. Man war ganz versessen darauf, den nächsten Brief zu lesen, man rätselte, wer wohl der Autor sein könnte, und kam nicht darauf, und die Jesuiten schäumten vor Wut. Pascal aber, auch wenn in der Sache am Ende der Jansenismus nicht zu retten war, hatte mit seinen pamphletischen Flugblättern, mit seiner besonderen Art des Schreibens, seinem natürlichen Stil, der Klarheit und rhetorischen Brillanz sowohl das moderne Französisch aus der Taufe gehoben als auch einen Prototyp des klassischen Journalismus erzeugt.

Die andere Frucht wird Gottfried Wilhelm Leibniz, der stets am Werk Pascals großen Anteil nahm, als goldenes Büchlein bezeichnen. Es entstehen nämlich zum anderen nach und nach jene glänzenden *Pensées*, *Gedanken*, die Pascals Namen in aller Welt bekannt gemacht haben und deren Niederschrift er wohl 1657 begonnen und bis kurz vor seinem Tod im Alter von nur 39 Jahren fortgesetzt hat. Nach Pascals Tod am 19. August 1662 finden seine Angehörigen in seinem Nachlass diverse Papiere, darunter ein Konvolut von Zetteln und Papierbündeln, die das Material für das geworden sind, welches wir als die *Pensées* bezeichnen. Diese *Gedanken* sind nicht nur ein weltberühmtes Werk, das Pascal unsterblich gemacht hat, sondern eines der merkwürdigsten »Bücher« der Weltgeschichte, das recht eigentlich gar kein Buch ist, sondern ein Editionsrätsel aus lauter Bruchstücken. Die ca. 1.000 Notizzettel mitsamt ihren ca. 60 Bündeln und 27 möglichen Überschriften bilden das Forschungsmaterial, das seit ihrem Auffinden Generationen von Forschern in Atem gehalten hat: Worum geht es genau? Wie sieht die richtige Ordnung aus? Welche Reihenfolge ist zu wählen? Wie hätte eine Ausgabe von letzter Hand wohl ausgeschaut?

Der Sache nach will Pascal jedenfalls eine Apologie des Christentums schreiben, und er schreibt über Gott und Mensch, Vernunft und Herz, Himmel und Erde zeitlose Einsichten, provozierende Gedanken, weit und tief blickende Meditationen. Sie sind mit solch einer Formulierungskunst und Sprachgewalt abgefasst, dass Pascals Denken auch heute auf uns noch so lebendig und frisch, herausfordernd und beunruhigend wirkt, wie es bereits zu seiner eigenen Zeit gewesen ist. Staub muss man von seinen Gedanken nicht blasen. Auch in diesem Punkt erweist sich als zutreffend, was Albert Camus über Pascals Rang und Bedeutung in seinen Tagebüchern festgehalten hat: Pascal, der größte von allen, gestern und heute.

***

Aus Pascals *Pensées* sind nun auch die Aphorismen und Gedanken ausgewählt, die in das vorliegende Büchlein eingeflossen sind. Diese sind unter zehn Überschriften gebracht, um sie ein wenig zu ordnen. Außerdem findet sich jeweils zu Beginn ein kurzer Einführungstext, der Bezüge klärt, Gedanken zuordnet und Wichtiges heraushebt. Den zehn Überschriften sind zehn Bilder der Künstlerin Kerstin Degen zur Seite gestellt. Bild und Text können miteinander reden, in einen Dialog kommen, sich gegenseitig inspirieren und wechselseitig erhellen. Im besten Fall aktivieren sie für das Verstehen der Gedanken »Herz und Vernunft« und führen zu einem Rendezvous von beiden.

Die einzelnen Gedanken und Aphorismen wurden vom Herausgeber ins Deutsche übersetzt bzw. übertragen. Auf jeder Seite findet sich in der zugehörigen Fußnote der französische Text zu dem jeweiligen Gedanken. In Klammern stehen am Ende in der Regel drei Zahlen. Sie bezeichnen der Reihenfolge nach die Fragmentnummern aus drei verschiedenen Ausgaben zu den *Pensées*. Dabei gibt die erste Zahl die Fragmentnummer aus der Suhrkamp-Ausgabe von Eduard Zwierlein wieder (s. Literaturhinweise), die zweite die von Louis Lafuma und die dritte diejenige von Léon Brunschvicg. Sind nur zwei Nummern angegeben, so handelt es sich, wenn nicht anders angegeben, um die von Lafuma und Brunschvicg.

Die sonderbare Lage des Menschen

ans andere ufer übersetzen (2021)

Pascal will den Menschen studieren, wie er geht und steht: dich, mich und sich selbst. Er will so ehrlich und nüchtern wie auch umfassend die Lage des Menschen benennen. Er will zunächst nur angemessen beschreiben, wie sich die Menschen tatsächlich verhalten, und die Fragen wiedergeben, die sie umtreiben.

Ohne irgendetwas zu beschönigen, tauchen dabei zunächst vor allem drei Dinge auf: Nichtwissen, Widersprüche und eine merkwürdige Mitte.

Wir verstehen nicht, warum wir da sind. Wir verstehen auch nicht, warum wir so sind, wie wir sind, weder als Individuum noch als Gattung. Wenn wir danach fragen, entziehen sich die sicheren Antworten ständig. Wir wissen es einfach nicht.

Sodann ist das Leben der Menschen voller Widersprüche und eigentümlicher Spannungen. Wir sind wundervoll und schrecklich. An einem Tag lacht uns die Sonne und ist alles gut, am nächsten Tag sind wir vom Gegenteil erfüllt. Wir glauben an die höchsten Kräfte in uns, gleich ob es sich um Wissen oder Moral handelt. Dann wieder sind wir verzweifelt und stürzen ab. Größe und Elend, das ist eine der Formeln Pascals, prägen uns in tausend Facetten und vielerlei Hinsicht. Es ist eigenartig, dass so viel Widerspruch in einem einzigen Menschenherz wohnen kann.

Wir sind aber nicht nur zwiespältige und entzweite Wesen, sondern finden uns auch als sonderbare Zwischen-Wesen vor. Als Körper und als Denkende sind wir in einer bizarren Art von Mitte zwischen dem unendlich Kleinen und dem unendlich Großem situiert. Als moralische Wesen zwischen dem unendlich Guten und Schönen auf der einen und dem unendlich Bösen und Häßlichen auf der anderen Seite. Wir existieren zwischen: zwischen Glück und Unglück, Wissen und Unwissen, Licht und Dunkelheit, zwischen Tag und Nacht, Anfang und Ende, Zeit und Ewigkeit, Leben und Tod.

Dieses mysteriöse und monströse Wesen, dieses zentaurische Gebilde, dieses sehnsüchtig-verzweifelte Ding, dieses schön-häßliche, anmutig-gewaltbereite, ganz irritierende Geschöpf, das sind wir, und wir sind uns dabei weit mehr eine Frage als eine Antwort.

Warum sind mein Wissen begrenzt, meine Größe, meine Dauer auf hundert und nicht vielmehr auf tausend Jahre? Welchen Grund hat die Natur gehabt, mir diese Mitte zu gewähren und gerade diese in der Unendlichkeit eher auszuwählen statt einer anderen, wo es doch gar keinen zwingenden Grund gibt, das eine oder andere zu wählen, und keine von beiden irgendwie verlockender ist? *

---

* Pourquoi ma connaissance est-elle bornée, ma taille, ma durée à 100 ans plutôt qu'à 1000? quelle raison a eu la nature de me la donner telle et de choisir ce milieu plutôt qu'un autre dans l'infinité, desquels il n'y a pas plus de raison de choisir l'un que l'autre, rien ne tentant plus que l'autre? (Frgm. 97/194/208)

Denn was ist der Mensch am Ende in der Natur? Ein Nichts im Vergleich mit dem Unendlichen, ein All im Vergleich mit dem Nichts, eine Mitte zwischen Nichts und All, unendlich weit davon entfernt, die Extreme zu erfassen; das Ende der Dinge und ihre Grundlagen sind ihm in einem unbezwingbaren Geheimnis undurchdringlich verborgen.

Er ist ebenso unfähig, das Nichts zu sehen, dem er entrissen wurde, wie auch das Unendliche, das ihn verschlingt.

*Was kann er also in ewiger Verzweiflung anderes wahrnehmen als den Anschein einer Mitte der Dinge, unfähig, weder ihren Anfang noch ihr Ende zu erkennen. Alle Dinge sind aus dem Nichts hervorgegangen und werden bis ins Unendliche weitergetragen. Wer kann diesen erstaunlichen Schritten folgen? Der Urheber dieser Wunder begreift sie. Niemand sonst vermag es.**

---

* Car enfin qu'est-ce que l'homme dans la nature? Un néant à l'égard de l'infini, un tout à l'égard du néant, un milieu entre rien et tout, infiniment éloigné de comprendre les extrêmes; la fin des choses et leurs principes sont pour lui invinciblement cachés dans un secret impénétrable. Également – incapable de voir le néant d'où il est tiré et l'infini où il est englouti. Que fera(-t-)il donc sinon d'apercevoir quelque apparence du milieu des choses dans un désespoir éternel de connaître ni leur principe ni leur fin. Toutes choses sont sorties du néant et portées jusqu'à l'infini. Qui suivra ces étonnantes démarches? l'auteur de ces merveilles les comprend. Tout autre ne le peut faire. (Frgm. 10/199/72)

Diese Zweiheit des Menschen ist so offensichtlich, dass manche Leute dachten, wir hätten zwei Seelen.

*Ein einfaches Wesen erschien ihnen ganz unfähig zu derartigen und überraschenden Schwankungen, zu einer solch maßlosen Arroganz und bis hin zu schrecklicher Niedergeschlagenheit des Herzens.**

---

* Cette duplicité de l'homme est si visible qu'il y en a qui ont pensé que nous avions deux âmes. Un sujet simple leur paraissant incapable de telles et si soudaines variétés, d'une présomption démesurée à un horrible abattement de cœur. (Frgm. 74/629/417)

Begreifen wir also, dass die Lage des Menschen zwiefach ist.

*Begreifen wir also, dass der Mensch unendlich über den Menschen hinausgeht…**

* Concevons donc que la condition de l'homme est double. Concevons donc que l'homme passe infiniment l'homme… (Frgm. 367/131/434)

Lange Zeit habe ich mit dem Studium der abstrakten Wissenschaften zugebracht, und der geringe Austausch, den man dabei haben kann, hat es mir verleidet. Als ich dann das Studium des Menschen begonnen habe, entdeckte ich, dass diese abstrakten Wissenschaften dem Menschen unangemessen sind. Je tiefer ich in sie eindrang, umso mehr verfehlte ich meine Lage, mehr jedenfalls als die, die nichts von ihnen verstanden. Ich habe den anderen verziehen, die so wenig davon verstehen. Aber ich habe doch geglaubt, wenigstens beim Studium des Menschen viele Gefährten zu finden und dass dies das wahre, ihm angemessene Studium sei. Ich wurde enttäuscht. Es gibt noch weniger Menschen, die dies studieren als die Geometrie. Nur weil man nicht in der Lage ist, dies zu studieren, verlegt man sich auf das Übrige. Aber bedeutet das nicht einfach nur, dass dies noch nicht die Wissenschaft ist, die der Mensch haben sollte, und dass es besser für ihn ist, sich selbst nicht zu kennen, um glücklich zu sein? *

---

* J'avais passé longtemps dans l'étude des sciences abstraites et le peu de communication qu'on en peut avoir m'en avait dégoûté. Quand j'ai commencé l'étude de l'homme, j'ai vu que ces sciences abstraites ne sont pas propres à l'homme, et que je m'égarais plus de ma condition en y pénétrant que les autres en l'ignorant. J'ai pardonné aux autres d'y peu savoir, mais j'ai cru trouver au moins bien des compagnons en l'étude de l'homme et que c'est la vraie étude qui lui est propre. J'ai été trompé. Il y en a encore moins qui l'étudient que la géométrie. Ce n'est que manque de savoir étudier cela qu'on cherche le reste. Mais n'est-ce pas que ce n'est pas encore là la science que l'homme doit avoir, et qu'il lui est meilleur de s'ignorer pour être heureux. (Frgm. 175/687/144)

*Wenn ich die Blindheit und das Unglück des Menschen sehe, wenn ich sehe, wie das ganze Weltall verstummt und der Mensch ohne Licht sich selbst überlassen ist und wie er sich in diesen Winkel des Weltalls verirrt hat, ohne zu wissen, wer ihn dorthin gebracht hat, was seine Aufgabe ist, was aus ihm wird, wenn er stirbt, unfähig zu jeglicher Erkenntnis, so erschaudere ich wie ein Mensch, den man schlafend auf eine wüste und entsetzliche Insel gebracht hätte und der erwachte, ohne zu verstehen und ohne Möglichkeit zu entfliehen. Und dann erstaune ich noch mehr, dass man nicht in Verzweiflung gerät, wenn man sich in einer so unglücklichen Lage befindet. Ich sehe andere Menschen in meiner Umgebung, die eine ähnliche Wesensart haben. Ich frage sie, ob sie besser unterrichtet sind als ich. Sie verneinen dies, und daraufhin haben sich diese unglücklich Verirrten, nachdem sie sich umgesehen und dabei ein paar angenehme Dinge entdeckt haben, diesen hingegeben und sie ins Herz geschlossen. Was nun mich betrifft, so konnte ich eine derartige Bindung nicht eingehen, und da ich bedachte, wie viel mehr äußeren Schein als irgendetwas anderes es in dem gibt, was ich sehe, habe ich nachgeforscht, ob dieser Gott nicht irgendein Zeichen seiner selbst hinterlassen hat.**

---

* En voyant l'aveuglement et la misère de l'homme, en regardant tout l'univers muet et l'homme sans lumière abandonné à lui-même, et comme égaré dans ce recoin de l'univers sans savoir qui l'y a mis, ce qu'il y est venu faire, ce qu'il deviendra en mourant, incapable de toute connaissance, j'entre en effroi comme un homme qu'on aurait porté endormi dans une île déserte et effroyable, et qui s'éveillerait sans connaître et sans moyen d'en sortir. Et sur cela j'admire comment on n'entre point en désespoir d'un si misérable état.

*Man stelle sich eine Anzahl von Menschen in Ketten vor, und alle sind zum Tode verurteilt. Jeden Tag nun wird den einen von ihnen vor den Augen der anderen die Kehle durchgeschnitten, so dass die Übriggebliebenen ihr eigenes Schicksal an dem ihrer Gefährten ablesen können. Indem sie einander schmerzerfüllt und hoffnungslos anblicken, warten sie, bis sie selbst an der Reihe sind. Das ist das Bild der Lage der Menschen.**

Je vois d'autres personnes auprès de moi d'une semblable nature. Je leur demande s'ils sont mieux instruits que moi. Ils me disent que non et sur cela ces misérables égarés, ayant regardé autour d'eux et ayant vu quelques objets plaisants s'y sont donnés et s'y sont attachés. Pour moi je n'ai pu y prendre d'attache et considérant combien il y a plus d'apparence qu'il y a autre chose que ce que je vois j'ai recherché si ce Dieu n'aurait point laissé quelque marque de soi. (Frgm. 180/198/693)

* Qu'on s'imagine un nombre d'hommes dans les chaînes, et tous condamnés à la mort, dont les uns étant chaque jour égorgés à la vue des autres, ceux qui restent voient leur propre condition dans celle de leurs semblables, et, se regardant les uns et les autres avec douleur et sans espérance, attendent à leur tour. C'est l'image de la condition des hommes. (Frgm. 352/434/199)

Verfassung des Menschen.
*Unbeständigkeit, Langeweile, Ruhelosigkeit.**

---

* Condition de l'homme. Inconstance, ennui, inquiétude. (Frgm. 61/24/127)

*Unsere Natur besteht in Bewegung, völlige Ruhe ist der Tod.**

---

* Notre nature est dans le mouvement, le repos entier est la mort. (Frgm. 62/641/129)

*Ich fühle eine böse Neigung in mir, die mich daran hindert, dem zuzustimmen, was Montaigne sagt, dass nämlich Lebhaftigkeit und Kraft in uns mit dem Alter nachlassen. Ich möchte nicht, dass dies so ist. Ich empfinde Neid auf mich selbst. Dieses Ich von zwanzig Jahren, das bin nicht mehr ich.**

---

* Je me sens une malignité qui m'empêche de convenir de ce que dit Montaigne, que la vivacité et la fermeté s'affaiblissent en nous avec l'âge. Je ne voudrais pas que cela fût. Je me porte envie à moi-même. Ce moi de vingt ans n'est plus moi. (Frgm. 7/V)

Der entthronte König – Zwischen Größe und Elend

der große sturz (2021)

Elend und Größe sind an vielem abzulesen. Wir möchten so gerne anerkannt sein und von anderen beachtet und gesehen werden. Wir wollen geliebt werden. Und wenn wir behaupten, dass wir es nicht wollen, möchten wir doch, dass es die anderen wissen, dass wir es nicht wollen, damit sie uns ein wenig bewundern oder bedauern und wir in unserem Stolz darauf mit Verachtung blicken können.

Wir sehnen uns nach Wertschätzung. Um diese zu sichern, müssen wir viel von uns verbergen, weil wir sonst befürchten, dass die Wertschätzung verklingt. Dabei wollen wir doch eigentlich so geliebt werden, wie wir sind. Aber es geht nicht richtig auf. Denn wir sind ja gar nicht die, die wir im besten Fall sein sollten. Wir hinken uns hinterher. So strengen wir uns an, um andere zu beeindrucken und ihnen zu imponieren. Mit Wissen, mit Macht, mit Geld, mit Schönheit, mit Besitz.

Doch von all diesen Dingen gilt, was von uns selbst gilt: Sie sind kontingent, sie sind unsicher, sie sind ungewiss, sie liegen nicht in unserer Hand. Krankheit und Tod, Irrtum und Gewalt bedrohen jederzeit unsere Festungen. Sie brauchen sich nur ein wenig zu erheben, schon liegen wir danieder, und es ist aus mit unserer Herrlichkeit.

Mit dem Bild vom entthronten König will Pascal das Verhältnis von Größe und Elend verdeutlichen. Der Mensch ist verarmter Adel, König von einst und ehemals. Man erkennt noch die einstige, aber irgendwie verlorengegangene Größe. Sie scheint auf in seinen Sehnsüchten und Wünschen, in seinen Ambitionen und Anstrengungen.

Doch so, wie es aussieht, kann der Mensch das, was er ersehnt und sich wünscht, nicht erreichen und nicht halten: Es ist irgendwie immer zu wenig, zu kurz, zu klein. Wir können nicht etwas sicher oder umfassend wissen, wir sind auch nicht wahrhaft gut, makellos schön oder zutiefst glücklich. Und sollten wir tatsächlich in die Nähe hiervon kommen, können wir dort nicht bleiben. Der König im Exil hat noch die Begierden nach seinem vormaligen Königreich. Es sind vor allem diese drei: die Gier nach Macht, nach Besitz und nach Anerkennung. Der entthronte König ist nur noch ein König der Begierde, welches sein verbliebenes Königreich ist. Die Größe liegt im Staub, ganz elendig, das Elend aber erzählt auf verdrehte, auf gierige Weise, doch irgendwie großartig, von der verlorenen Größe.

Größe des Menschen.

*Wir haben eine so große Vorstellung von der Seele des Menschen, dass wir es nicht ertragen können, von einer Seele verachtet und nicht von ihr geschätzt zu werden. Und das ganze Glück der Menschen besteht in dieser Wertschätzung.**

---

* Grandeur de l'homme. Nous avons une si grande idée de l'âme de l'homme que nous ne pouvons souffrir d'en être méprisés et de n'être pas dans l'estime d'une âme. Et toute la félicité des hommes consiste dans cette estime. (Frgm. 94/411/400)

Schwäche. Alle Beschäftigungen der Menschen sind darauf aus, Besitz haben zu wollen, und sie können doch keinen Titel vorweisen, um zu zeigen, dass sie es mit Recht besitzen; denn sie haben nur die Laune der Menschen, doch keine Macht, es verlässlich zu besitzen.

Ebenso verhält es sich mit der Wissenschaft. Denn die Krankheit hebt sie auf.

*Wir sind unfähig, sowohl zum Wahren als auch zum Besitz.**

---

* Faiblesse. Toutes les occupations des hommes sont à avoir du bien et ils ne sauraient avoir de titre pour montrer qu'ils le possèdent par justice, car ils n'ont que la fantaisie des hommes, ni force pour le posséder sûrement. Il en est de même de la science. Car la maladie l'ôte. Nous sommes incapables et de vrai et de bien. (Frgm. 20/28/436)

*Die Macht der Fliegen, sie gewinnen Schlachten, hindern unsere Seele am Handeln, fressen unseren Körper.**

---

* La puissance des mouches, elles gagnent des batailles, empêchent notre âme d'agir, mangent notre corps. (Frgm. 29/22/367)

Die Größe des Menschen ist darin groß, dass er sich selbst als elend erkennt; ein Baum erkennt sich nicht als unglücklich.

*Es heißt also, elend zu sein, wenn man (sich) als elend erkennt; aber es bedeutet, Größe zu haben, wenn man erkennt, dass man elend ist.**

---

* La grandeur de l'homme est grande en ce qu'il se connaît misérable; un arbre ne se connaît pas misérable. C'est donc être misérable que de (se) connaître misérable, mais c'est être grand que de connaître qu'on est misérable. (Frgm. 85/114/397)

*Trotz des Anblicks all unseres Elends, das uns trifft und uns an der Gurgel packt, haben wir einen Instinkt, den wir nicht unterdrücken können und der uns erhebt.**

---

* Malgré la vue de toutes nos misères qui nous touchent, qui nous tiennent à la gorge, nous avons un instinct que nous ne pouvons réprimer qui nous élève. (Frgm. 73/633/411)

Die Größe des Menschen.

Die Größe des Menschen ist so sichtbar, dass sie sogar aus seinem Elend hervorsticht. Denn was bei den Tieren Natur ist, nennen wir Unglück beim Menschen, woraus wir ersehen, dass seine Natur, die heute der der Tiere gleicht, von einer besseren Natur abgefallen ist, die ihm einst zueigen war.

*Denn wer fühlt sich schon unglücklich, kein König zu sein, wenn nicht ein entthronter König.**

---

* La grandeur de l'homme. La grandeur de l'homme est si visible qu'elle se tire même de sa misère, car ce qui est nature aux animaux nous l'appelons misère en l'homme par où nous reconnaissons que sa nature étant aujourd'hui pareille à celle des animaux il est déchu d'une meilleure nature qui lui était propre autrefois. Car

*All dieses Elend selbst beweist seine Größe. Es ist das Elend eines großen Herrn. Das Elend eines entthronten Königs.**

---

qui se trouve malheureux de n'être pas roi sinon un roi dépossédé. (Frgm. 290/117/409)

* Toutes ces misères-là même prouvent sa grandeur. Ce sont misères de grand seigneur. Misères d'un roi dépossédé. (Frgm. 291/116/398)

*Größe des Menschen zeigt sich sogar in seiner Begierde selbst, aus der er eine wunderbare Ordnung hervorgezaubert und sie zu einem Abbild von Nächstenliebe gemacht hat.**

---

* Grandeur de l'homme dans sa concupiscence même, d'en avoir su tirer un règlement admirable et en avoir fait un tableau de charité. (Frgm. 96/118/402)

*Alle Menschen hassen sich von Natur aus gegenseitig. Man hat sich der Begierde bedient, so gut man es eben konnte, um sie für das Gemeinwohl einzusetzen. Aber das ist nur vorgetäuscht und ein falsches Bild von Nächstenliebe, denn im tiefsten Grunde ist da nur Hass.**

---

* Tous les hommes se haïssent naturellement l'un l'autre. On s'est servi comme on a pu de la concupiscence pour la faire servir au bien public. Mais ce n'est que feindre et une fausse image de la charité, car au fond ce n'est que haine. (Frgm. 135/210/451)

Man hat auf der Begierde bewundernswerte Regeln der öffentlichen Ordnung, der Moral und Rechts begründet und aus ihr hervorgezaubert.

Aber im tiefsten Grunde ist dieser hässliche Grund des Menschen, dieses figmentum malum *(böse Machwerk), nur verhüllt worden. Er ist nicht verschwunden.**

* On a fondé et tiré de la concupiscence des règles admirables de police, de morale et de justice. Mais dans le fond, ce vilain fond de l'homme, ce *figmentum malum* n'est que couvert. Il n'est pas ôté. (Frgm. 139/211/453)

Denkendes Schilfrohr – Über Würde und Ohnmacht des Denkens

schilf (2014)

Pascal ist jemand, der das Denken liebt und schätzt. Er ist ein Denker, ein großer Denker sogar. Er ist es auf dem Feld der Mathematik und der Naturwissenschaft, er ist es auch in philosophisch-religiösen Fragen. Er verachtet keineswegs die Vernunft. Ganz im Gegenteil. Der Mensch ist Mensch, weil er denkt. Daher gewinnt er seine besondere Würde. Aber er muss richtig denken. Vor allem auch richtig über das Denken denken.

Richtig über das Denken denkt derjenige, der erstens das Denken nicht auf wissenschaftliche Rationalität beschränkt. Darüber wird noch zu reden sein, wenn wir über das Herz sprechen. Zweitens ist es notwendig, die Grenzen der Rationalität zu erkennen. Pascal ist nicht leichtsinnig oder unkritisch. Rationalismus ist falsch, nicht Rationalität. Er vertritt eine selbstkritische, grenzbewusste Rationalität. Denn auch das Denken befindet sich zwischen Größe und Elend. Es sehnt sich zwar nach festen Fundamenten, zweifelloser Gewissheit, zwingender Sicherheit, findet aber nichts davon. Der Mensch ist, wie Pascal es formuliert, ein denkendes Schilfrohr. Er ist nicht, wie bei Descartes, ein Denk-Ding, beinahe eine logische Denkmaschine. Im Schilfrohr, das denkt, kommen vielmehr Leben und Denken zusammen und damit auch Biegsamkeit und Fragilität.

Das Denken des denkenden Schilfrohrs ist nicht hochmütig. Ein hochmütiges Denken, das zu viel von sich selbst hält und es übertreibt, will Pascal demütigen. Für ihn ist ein Denken nur dann weise, wenn es um sein Nichtwissen weiß. Das Nichtwissen verweist auf die Grenzen des Denkens, wohin es aus eigener Kraft nicht mehr kommt. Wo aber liegen diese Grenzen?

Wir können beispielhaft einige Grenzen andeuten. Das Denken kann im Denken keinen Anfang erzwingen. Der Anfang jedes Denkens liegt vor ihm, ihm voraus, und kommt aus dem Unvordenklichen. Alles Denken ruht auf Vorgaben. Darum kann das Denken auch keine letzten Fundamente bauen, die völlig durch es selbst gesichert wären. Sodann kann man auch kein einziges Phänomen komplett erkennen. Da nämlich alles mit allem irgendwie zusammenhängt, müsste ich alles wissen, um für ein Einzelnes alle seine Zusammenhänge verstehen zu können. Anfang und Ende und auch das Ganze werden dem Menschen immer ein Geheimnis bleiben. Schließlich gibt es eine Reihe von täuschenden Mächten, wie Pascal sie nennt, die sich in die Erkenntnis, wenn auch nur heimlich, subtil und hinterrücks, einschleichen, etwa Gefühle, Leidenschaften, Eitelkeiten, Stolz, Hass, Gewohnheiten, Launen, Vorurteile, Irrtum und Täuschung, und die der objektiven und neutralen Erkenntnis den Garaus machen.

*Ich kann mir zwar einen Menschen ohne Hände, Füße oder Kopf gut vorstellen, denn es ist ja nur die Erfahrung, die uns lehrt, dass der Kopf notwendiger ist als die Füße. Aber ich kann mir den Menschen nicht ohne Denken vorstellen. Das wäre doch ein Stein oder ein wildes Tier.**

---

* Je puis bien concevoir un homme sans mains, pieds, tête, car ce n'est que l'expérience qui nous apprend que la tête est plus nécessaire que les pieds. Mais je ne puis concevoir l'homme sans pensée. Ce serait une pierre ou une brute. (Frgm. 88/111/339)

Denken.

Die ganze Würde des Menschen liegt im Denken, aber was ist dieses Denken – wie töricht ist es?

*Das Denken ist also seinem Wesen nach ein bewundernswertes und unvergleichliches Phänomen. Es müsste schon seltsame Fehler haben, um verachtet zu werden, aber es hat genau solche, dass nichts lächerlicher ist. Wie ist es doch groß seinem Wesen nach, wie ist es aber niedrig durch seine Fehler.**

---

* Pensée. Toute la dignité de l'homme est en la pensée, mais qu'est-ce que cette pensée? qu'elle est sotte? La pensée est donc une chose admirable et incomparable par sa nature. Il fallait qu'elle eût d'étranges défauts pour être méprisable, mais elle en a de tels que rien n'est plus ridicule. Qu'elle est grande par sa nature, qu'elle est basse par ses défauts. (Frgm. 90/756/365)

Da die Menschen diese Unendlichkeit nicht betrachtet haben, haben sie sich waghalsig auf die Untersuchung der Natur gestürzt, als stünden sie in irgendeinem angemessenen Verhältnis zu ihr. …

Erkennen wir also unser Erkenntnisvermögen. Wir sind etwas und sind nicht alles. Das, was wir an Sein haben, verweigert uns die Kenntnis der ersten Prinzipien, die aus dem Nichts entstehen, und das Wenige, was wir an Sein haben, verbirgt uns den Blick auf das Unendliche.

*Unser Verstand nimmt in der Ordnung der verstehbaren Dinge denselben Platz ein wie unser Körper in der Ausdehnung der Natur.**

---

* Manque d'avoir contemplé ces infinis les hommes se sont portés témérairement à la recherche de la nature comme s'ils avaient quelque proportion avec elle. … Connaissons donc notre portée. Nous sommes quelque chose et ne sommes pas tout. Ce que nous avons d'être nous dérobe la connaissance des premiers principes qui naissent du néant, et le peu que nous avons d'être nous cache la vue de l'infini. Notre intelligence tient dans l'ordre des choses intelligibles le même rang que notre corps dans l'étendue de la nature. (Frgm. 10/199/72)

Der Mensch ist nur ein Schilfrohr, das schwächste der Natur, aber es ist ein denkendes Schilfrohr.

Es ist nicht nötig, dass sich das ganze Universum bewaffnen muss, um ihn auszulöschen; ein Dampf, ein Wassertropfen genügen, um ihn zu töten. Aber selbst wenn das Universum ihn zermalmen würde, wäre der Mensch noch immer edler als das, was ihn tötet, da er weiß, dass er stirbt, und den Vorteil kennt, den das Universum ihm gegenüber hat. Das Universum weiß nichts davon.

*Unsere ganze Würde besteht also im Denken. Daran müssen wir uns aufrichten, nicht an Raum und Zeit, die wir nicht ausfüllen können. Arbeiten wir also daran, gut und richtig zu denken: Das ist der Grundlage der Moral.**

---

* L'homme n'est qu'un roseau, le plus faible de la nature, mais c'est un roseau pensant. Il ne faut pas que l'univers entier s'arme pour l'écraser; une vapeur, une goutte d'eau suffit pour le tuer. Mais quand l'univers l'écraserait, l'homme serait encore plus noble que ce qui le tue, puisqu'il sait qu'il meurt et l'avantage que l'univers a sur lui. L'univers n'en sait rien. Toute notre dignité consiste donc en la pensée. C'est de là qu'il nous faut relever et non de l'espace et de la durée, que nous ne saurions remplir. Travaillons donc à bien penser: voilà le principe de la morale. (Frgm. 87/200/347)

*Gerechtigkeit und Wahrheit sind zwei so feine Spitzen, dass unsere Instrumente zu plump sind, um sie genau zu treffen. Und wenn sie es doch tun, dann brechen sie die Spitze ab und drücken ringsum mehr auf das Falsche als auf das Wahre.**

***

*Diese großen Geistesanstrengungen, die die Seele manchmal vollbringt, sind keine Dinge, an denen sie festhalten kann; sie springt nur dorthin, nicht wie auf den Thron für immer, sondern nur für einen Augenblick.***

---

* La justice et la vérité sont deux pointes si subtiles que nos instruments sont trop mousses pour y toucher exactement. S'ils y arrivent ils en écachent la pointe et appuient tout autour plus sur le faux que sur le vrai. (Frgm. 33/44/82)

** Ces grands efforts d'esprit où l'âme touche quel(que)fois sont choses où elle ne se tient pas; elle y saute seulement non comme sur le trône pour toujours, mais pour un instant seulement. (Frgm. 19/829/351)

Das ist unser wahrer Zustand. Das ist es, was uns unfähig macht, etwas sicher zu wissen und absolut unwissend zu sein. Wir treiben auf einer weiten Mitte, immer unsicher und schwankend, von einem Ende zum anderen gestoßen; und an welchem Ende wir uns auch immer festzuhalten und zu verankern dachten, es wankt und schwankt und entweicht uns. Und wenn wir ihm dennoch folgen, entwischt es unserem Zugriff, gleitet uns davon und entflieht in ewiger Flucht; nichts hält für uns an. Das ist der Zustand, der uns natürlich ist und doch zugleich unserer Neigung am meisten zuwiderläuft. Wir brennen vor Verlangen, eine tragfeste Plattform zu finden und eine letzte, beständige Grundlage, um darauf einen Turm zu errichten, der sich bis ins Unendliche erhebt. Aber unser ganzes Fundament kracht zusammen und die Erde reißt auf bis zu ihren tiefsten Abgründen.

Suchen wir also nicht nach Sicherheit und Festigkeit; unsere Vernunft wird immer von der Unbeständigkeit der Erscheinungen getäuscht: Nichts kann das Endliche zwischen den beiden Unendlichkeiten, die es einschließen und vor ihm fliehen, auf sichere Position bringen.

*Ich glaube, dass wir uns, wenn wir das recht verstanden haben, in eine Ruhe einfinden, jeder in den Lebensumständen, in die ihn die Natur gestellt hat.**

---

* Voilà notre état véritable. C'est ce qui nous rend incapables de savoir certainement et d'ignorer absolument. Nous voguons sur un milieu vaste, toujours incertains et flottants, poussés d'un bout vers l'autre; quelque terme où nous pensions nous attacher et nous affermir, il branle, et nous quitte, et si nous le suivons il échappe à nos prises, nous glisse et fuit d'une fuite éternelle; rien ne s'arrête pour nous. C'est l'état qui nous est naturel et toutefois le plus contraire

Innerer Krieg im Menschen zwischen der Vernunft und den Leidenschaften.

Wenn es nur Vernunft ohne Leidenschaften gäbe.

Wenn es nur die Leidenschaften ohne Vernunft gäbe.

Da er aber beides hat, kann er nicht ohne Krieg sein und mit dem einen nur dann Frieden haben, wenn er zugleich mit dem anderen Krieg führt.

*Daher ist er immer uneins und im Widerspruch mit sich selbst.**

à notre inclination. Nous brûlons du désir de trouver une assiette ferme, et une dernière base constante pour y édifier une tour qui s'élève à (l')infini, mais tout notre fondement craque et la terre s'ouvre jusqu'aux abîmes. Ne cherchons donc point d'assurance et de fermeté; notre raison est toujours déçue par l'inconstance des apparences: rien ne peut fixer le fini entre les deux infinis qui l'enferment et le fuient. Cela étant bien compris je crois qu'on se tiendra en repos, chacun dans l'état où la nature l'a placé. (Frgm. 10/199/72)

* Guerre intestine de l'homme entre la raison et les passions. S'il n'y avait que la raison sans passions. S'il n'y avait que les passions sans raison. Mais ayant l'un et l'autre il ne peut être sans guerre, ne pouvant avoir paix avec l'un qu'ayant guerre avec l'autre. Aussi il est toujours divisé et contraire à lui-même. (Frgm. 16/621/412)

Der Geist dieses höchsten Richters der Welt ist nicht so unabhängig, dass er nicht anfällig dafür wäre, durch das erste Lärmen um ihn herum gestört zu werden. Es bedarf nicht eines Kanonenschlags, um seine Gedanken zu blockieren. Es braucht nur das Geräusch einer Wetterfahne oder eines Flaschenzugs. Wundern Sie sich nicht, wenn er jetzt nicht gut denken kann, da eine Fliege an seinen Ohren summt: Das reicht schon, um ihn unfähig zu machen, einen guten Rat zu geben. Wenn du willst, dass er die Wahrheit findet, musst du das Tier vertreiben, das seinen Verstand in Schach hält und die mächtige Klugheit trübt, die über Städte und Königreiche herrscht.

Welch ein sonderbarer Gott ist das. O ridicolosissime heroe! (Oh, was für ein lächerlicher Held!) *

---

* L'esprit de ce souverain juge du monde n'est pas si indépendant qu'il ne soit sujet à être troublé par le premier tintamarre qui se fait autour de lui. Il ne faut pas le bruit d'un canon pour empêcher ses pensées. Il ne faut que le bruit d'une girouette ou d'une poulie. Ne vous étonnez point s'il ne raisonne pas bien à présent, une mouche bourdonne à ses oreilles: c'en est assez pour le rendre incapable de bon conseil. Si vous voulez qu'il puisse trouver la vérité chassez cet animal qui tient sa raison en échec et trouble cette puissante intelligence qui gouverne les villes et les royaumes. Le plaisant dieu, que voilà. O ridicolosissime herœ! (Frgm. 30/48/366)

Der Zufall gibt die Gedanken, und der Zufall nimmt sie weg. Es gibt keine Kunst, sie zu bewahren oder zu erlangen.

*Ein entflohener Gedanke, den ich gerade aufschreiben wollte; nun schreibe ich stattdessen, dass er mir entgangen ist.**

***

*Wenn ich meine Gedanken aufschreibe, entfallen sie mir manchmal, aber das erinnert mich an meine Schwäche, die ich immer wieder vergesse, was mich genauso belehrt wie mein vergessener Gedanke; denn ich will ja nur genau meine Nichtigkeit kennenlernen.***

---

* Hasard donne les pensées, et hasard les ôte. Point d'art pour conserver ni pour acquérir. Pensée échappée je la voulais écrire; j'écris au lieu qu'elle m'est échappée. (Frgm. 22/542/370)

** En écrivant ma pensée elle m'échappe quelquefois; mais cela me fait souvenir de ma faiblesse que j'oublie à toute heure, ce qui m'instruit autant que ma pensée oubliée, car je ne tiens qu'à connaître mon néant. (Frgm. 24/656/372)

Der letzte Schritt der Vernunft besteht darin, zu erkennen, dass es unendlich viele Dinge gibt, die über sie hinausgehen. Sie ist nur schwach, wenn sie nicht so weit geht, dies anzuerkennen.

*Wenn aber die natürlichen Dinge sie bereits überfordern, was wird man dann erst von den übernatürlichen sagen?**

---

* La dernière démarche de la raison est de reconnaître qu'il y a une infinité de choses qui la surpassent. Elle n'est que faible si elle ne va jusqu'à connaître cela. Que si les choses naturelles la surpassent, que dira(-t-)on des surnaturelles? (Frgm. 465/188/267)

Das Herz hat seine Gründe – Zwischen Feinsinn und Geometrie

geheimschrift des herzens (2014)

»Cœur«, Herz, das ist eine Art Forschungsbegriff Pascals, mit dem er vieles einfangen wollte. Es war ihm allerdings nicht vergönnt, seine Gedanken hierzu in aller Klarheit und Ruhe zu einem befriedigenden Abschluss zu bringen. Doch können wir zumindest die groben Linien gut erkennen, die in diese schillernde Metapher einfließen. »Herz«, das ist eines der großen Urworte menschlicher Selbsterfahrung. Es weist auf Wesentliches und Entscheidendes im menschlichen Leben hin. Denn als Mitte oder Zentralorgan des geistigen Lebens ist das Herz die Quelle für alle Wertbeziehungen zur Wirklichkeit.

Das Herz ist zum Beispiel das, was der Wissenschaft ihren Anfang gibt: Urworte, basale Begriffe, Ausgangspunkte, Prinzipien usw. Die Vernunft ist grundlos; aller Anfang ist dem Herzen geschuldet. Diesen fühlt oder spürt es in einer Art von Intuition. Das bedeutet, dass das Herz hier für eine bestimmte Form des Erkennens steht, das Phänomene nicht induktiv oder deduktiv oder in irgendeiner Art logischer Schlussfolgerung, sondern spontan, sofort und auf einen Schlag (mit »Feinsinn«) »sieht« und zur Verfügung stellt. Das Herz ist fühlender, intuitiver Geist.

Dann ist das Herz auch das Wort für eine Erkenntniswelt, in der die wissenschaftliche Rationalität ganz unzuständig ist, nämlich für die Welt der Werte. Die Wissenschaft ist zuständig für die Welt des Faktischen. Wo es aber um das Schöne oder Gute oder Gerechte oder um das Heilige geht, ist ein Denken notwendig, das diese Phänomene in ihrer besonderen Eigenart erläutert und versteht. Das Herz ist dabei einerseits wertschätzender Geist, also das, was Werte wahrnehmen und ins Spiel bringen kann. Andererseits ist es auch das Wächterwort für eine »Herz-Wissenschaft«, eine Hermeneutik des Herzens, die die Beweggründe und Zielrichtungen des Herzens nachzeichnet und versteht.

Schließlich spielt das Herz auch in Glaubensfragen eine zentrale Rolle. Denn es ist das eigentliche Organ des Glaubens, das Gott nicht abstrakt denkt, sondern als Beziehung erlebt, spürt, auf- und wahrnimmt, also einen Erkenntnisweg durchläuft, der sehr an das hebräische Erkenntniswort »jadah« erinnert: Und Adam erkannte (jadah) sein Weib. Hier ist wahre Erkenntnis nur möglich, wenn ich jemandem glaube, mich ihm anvertraue, hingebe und ihn liebe. Liebe zielt auf Vereinigung. Einswerden hebt die Erkenntnisdifferenzen auf. Ich erkenne ganz und gar. Nicht Information, sondern Transformation ist der Weg des Herzens als glaubender und liebender Geist. Es muss sich auf den Weg einer solchen Verwandlung wagen, um das, was es liebt, verstehen zu können.

*Wir erkennen die Wahrheit nicht nur durch die Vernunft, sondern auch mit dem Herzen. Auf diese Weise erkennen wir etwa die ersten Prinzipien, und es ist sinnlos, dass die vernünftige Schlussfolgerung, die keinen Anteil daran hat, versucht, sie zu bekämpfen. … Wir wissen, dass wir nicht träumen. Wie unfähig wir auch sein mögen, dies mit der Vernunft zu beweisen, folgt aus dieser Unfähigkeit nichts anderes als die Schwäche unserer Vernunft, aber keineswegs die Ungewissheit all unserer Einsichten … Denn das Wissen von den ersten Prinzipien: Raum, Zeit, Bewegung, Zahlen, ist so fest wie nichts, das unsere Vernunft uns gibt, und auf dieses Wissen des Herzens und des Instinkts muss sich die Vernunft stützen und ihre ganze Beweisführung darauf gründen. Das Herz fühlt, dass es drei Dimensionen im Raum gibt und dass die Zahlen unendlich sind, und die Vernunft beweist sodann, dass es keine zwei Quadratzahlen gibt, von denen die eine doppelt so groß ist wie die andere.***

---

* Nous connaissons la vérité non seulement par la raison mais encore par le cœur. C'est de cette dernière sorte que nous connaissons les premiers principes et c'est en vain que le raisonnement, qui n'y a point de part essaie de les combattre. … Nous savons que nous ne rêvons point. Quelque impuissance où nous soyons de le prouver par raison, cette impuissance ne conclut autre chose que la faiblesse de notre raison, mais non pas l'incertitude de toutes nos connaissances … Car l[es] connaissances des premiers principes: espace, temps, mouvement, nombres, sont aussi fermes qu'aucune de celles que nos raisonnements nous donnent et c'est sur ces connaissances du cœur et de l'instinct qu'il faut que la raison s'appuie et qu'elle y fonde tout son discours. Le cœur sent qu'il y a trois dimensions dans l'espace et que les nombres sont infinis et la raison démontre

Anfänge und Grundlagen werden gefühlt, Lehrsätze werden geschlussfolgert, und das Ganze mit Gewissheit, wenn auch auf verschiedenen Wegen – und es ist ebenso nutzlos wie lächerlich, dass die Vernunft vom Herzen Beweise für seine ersten Anfangspunkte verlangt, wenn sie ihnen zustimmen wollte, wie es auch lächerlich wäre, wenn das Herz von der Vernunft ein Gefühl für alle von ihr bewiesenen Sätze verlangen würde, um diese annehmen zu wollen.

*Diese Unfähigkeit soll also nur dazu dienen, die Vernunft zu demütigen – die alles beurteilen möchte –, nicht aber, unsere Gewissheit zu bekämpfen. Als ob es nur die Vernunft gäbe, um uns zu unterrichten; wollte Gott, dass wir sie im Gegenteil niemals brauchten und dass wir alle Dinge durch Instinkt und Gefühl erkennten. Aber die Natur hat uns dieses Gut verweigert; sie hat uns im Gegenteil nur sehr wenige Erkenntnisse dieser Art gegeben; alle anderen können nur durch Nachdenken erworben werden.**

---

ensuite qu'il n'y a point deux nombres carrés dont l'un soit double de l'autre. (Frgm. 34/110/282)

* Les principes se sentent, les propositions se concluent et le tout avec certitude quoique par différentes voies – et il est aussi inutile et aussi ridicule que la raison demande au cœur des preuves de ses premiers principes pour vouloir y consentir, qu'il serait ridicule que le cœur demandât à la raison un sentiment de toutes les propositions qu'elle démontre pour vouloir les recevoir. Cette impuissance ne doit donc servir qu'à humilier la raison – qui voudrait juger de tout – mais non pas à combattre notre certitude. Comme s'il n'y avait que la raison capable de nous instruire, plût à Dieu que nous n'en eussions au contraire jamais besoin et que nous connussions

Der Unterschied zwischen dem Geist der Geometrie und dem Geist des Feinsinns.

Bei dem einen sind die Prinzipien greifbar, aber so weit vom üblichen Alltagsgebrauch entfernt, dass man den Kopf nur schwer in jene Richtung drehen kann, weil man es nicht gewöhnt ist. Aber wenn man ihn dorthin dreht, sieht man die Prinzipien voll und ganz; und man müsste schon einen ganz verkehrten Geist haben, um schlecht auf Basis der Prinzipien zu argumentieren, die so plausibel sind, dass es fast unmöglich ist, dass sie einem entgehen.

*Aber beim Geist des Feinsinns sind die Prinzipien im allgemeinen Gebrauch und finden sich vor den Augen aller. Man braucht weder den Kopf zu drehen noch sich selbst Gewalt anzutun; es kommt nur darauf an, einen guten Blick zu haben, aber man muss ihn auch wirklich haben. Denn die Grundsätze sind so fein und in so großer Zahl vorhanden, dass es fast unmöglich ist, dass nicht doch einer von ihnen übersehen wird. Nun führt aber der Wegfall eines Prinzips in den Irrtum. Man muss also wirklich einen genauen Blick haben, um alle Prinzipien zu sehen, und dann noch den richtigen Verstand, um nicht falsch auf der Grundlage bekannter Prinzipien zu urteilen.**

---

toutes choses par instinct et par sentiment, mais la nature nous a refusé ce bien; elle ne nous a au contraire donné que très peu de connaissances de cette sorte; toutes les autres ne peuvent être acquises que par raisonnement. (Frgm. 34/110/282)

* Différence entre l'esprit de géométrie et l'esprit de finesse. En l'un les principes sont palpables mais éloignés de l'usage commun de sorte qu'on a peine à tourner la tête de ce côté-là, manque d'habitude: mais pour peu qu'on l'y tourne, on voit les principes à plein; et il faudrait avoir tout à fait l'esprit faux pour mal raisonner sur des

*Diejenigen, die gewohnt sind, nach dem Gefühl zu urteilen, verstehen nichts von den Dingen der Beweisführung. Denn sie wollen zunächst alles mit einem Blick erfassen und sind es nicht gewohnt, nach Prinzipien zu suchen; die anderen hingegen, die gewohnt sind, nach Prinzipien zu argumentieren, verstehen nichts von den Dingen des Gefühls, da sie dort nach Prinzipien suchen und es nicht mit einem Blick sehen können.**

---

principes si gros qu'il est presque impossible qu'ils échappent. Mais dans l'esprit de finesse, les principes sont dans l'usage commun et devant les yeux de tout le monde. On n'a que faire de tourner la tête, ni de se faire violence; il n'est question que d'avoir bonne vue, mais il faut l'avoir bonne: car les principes sont si déliés et en si grand nombre, qu'il est presque impossible qu'il n'en échappe. Or l'omission d'un principe mène à l'erreur; ainsi il faut avoir la vue bien nette pour voir tous les principes, et ensuite l'esprit juste pour ne pas raisonner faussement sur des principes connus. (Frgm. 41/512/1)

* Ceux qui sont accoutumés à juger par le sentiment ne comprennent rien aux choses de raisonnement. Car ils veulent d'abord pénétrer d'une vue et ne sont point accoutumés à chercher les principes, et les autres au contraire qui sont accoutumés à raisonner par principes, ne comprennent rien aux choses de sentiment y cherchant des principes et ne pouvant voir d'une vue. (Frgm. 44/751/3)

Geometrie. Feinsinn.

Wahre Beredsamkeit spottet der Beredsamkeit, wahre Moral verlacht die Moral. Das heißt, die Moral des Urteils spottet über die Moral des Geistes, die ohne Regeln ist.

*Denn dem Urteil gehört das Gefühl an, wie die Wissenschaften dem Geist zugehören. Der Feinsinn ist der Bereich des Urteils, die Geometrie ist der des Geistes.**

---

* Géométrie. Finesse. La vraie éloquence se moque de l'éloquence, la vraie morale se moque de la morale. C'est-à-dire que la morale du jugement se moque de la morale de l'esprit qui est sans règles. Car le jugement est celui à qui appartient le sentiment, comme les sciences appartiennent à l'esprit, La finesse est la part du jugement, la géométrie est celle de l'esprit. (Frgm. 42/513/4)

*Herr de Roannez pflegte zu sagen: »Die Gründe kommen mir später, aber zuerst gefällt mir die Sache oder sie stößt mich ab, ohne dass ich den Grund dafür kenne, und dennoch schockiert sie mich genau wegen dieses Grundes, den ich dann erst später entdecke.« Ich glaube aber, dass sie nicht wegen der Gründe abstößt, die man erst später findet, sondern dass man diese Gründe nur findet, weil sie schockiert.**

---

* M. de Roannez disait: «Les raisons me viennent après, mais d'abord la chose m'agrée ou me choque sans en savoir la raison, et cependant cela me choque par cette raison que je ne découvre qu'ensuite.» Mais je crois, non pas que cela choquait par ces raisons qu'on trouve après, mais qu'on ne trouve ces raisons que parce que cela choque. (Frgm. 49/983/276)

All unsere Überlegungen laufen darauf hinaus, dem Gefühl nachzugeben.

Aber die Laune ist dem Gefühl ähnlich und entgegengesetzt, so dass man nicht zwischen diesen Gegensätzen unterscheiden kann. Der eine sagt, dass mein Gefühl eine Laune ist, der andere, dass seine Laune ein Gefühl ist. Man sollte eine Regel haben. Die Vernunft bietet sich an, aber sie ist nach allen Richtungen hin biegbar.

*Und so gibt es keine Regel.**

---

* Tout notre raisonnement se réduit à céder au sentiment. Mais la fantaisie est semblable et contraire au sentiment; de sorte qu'on ne peut distinguer entre ces contraires. L'un dit que mon sentiment est fantaisie, l'autre que sa fantaisie est sentiment. Il faudrait avoir une règle. La raison s'offre mais elle est ployable à tous sens. Et ainsi il n'y en a point. (Frgm. 46/530/24)

*Die Vernunft handelt langsam und mit so vielen Gesichtspunkten nach so vielen Prinzipien, die immer gegenwärtig sein müssen, dass sie jederzeit ermattet oder sich verirrt, weil sie nicht alle ihre Prinzipien gegenwärtig halten kann. Das Gefühl handelt nicht so; es handelt in einem Augenblick und ist immer bereit zu handeln. Wir müssen also unseren Glauben in das Gefühl setzen, sonst wird er immer schwanken.**

---

* La raison agit avec lenteur et avec tant de vues sur tant de principes, lesquels il faut qu'ils soient toujours présents, qu'à toute heure elle s'assoupit ou s'égare manque d'avoir tous ses principes présents. Le sentiment n'agit pas ainsi; il agit en un instant et toujours est prêt à agir. Il faut donc mettre notre foi dans le sentiment, autrement elle sera toujours vacillante. (Frgm. 43/821/252)

Das Herz hat seine Gründe, die der Verstand nicht kennt; das erfährt man an tausend Dingen.

*Ich sage, das Herz liebt das universale Wesen von Natur aus und sich selbst von Natur aus, je nachdem, wie es sich wem hingibt, und es verhärtet sich gegen das eine oder das andere, je nach seiner Wahl. Ihr habt das eine abgelehnt und das andere behalten; liebt ihr euch etwa aus Vernunftgründen?**

* Le cœur a ses raisons que la raison ne connaît point; on le sait en mille choses. Je dis que le cœur aime l'être universel naturellement et soi-même naturellement, selon qu'il s'y adonne, et il se durcit contre l'un ou l'autre à son choix. Vous avez rejeté l'un et conservé l'autre; est-ce par raison que vous vous aimez? (Frgm. 36/423/277)

Die Ordnung. Gegen den Einwand, dass die Heilige Schrift keine Ordnung hat.

Das Herz hat seine Ordnung, der Geist hat die seine, die aus Prinzip und Beweis besteht. Das Herz hat eine andere. Man beweist nicht, dass man geliebt werden soll, indem man die Ursachen für die Liebe der Reihe nach aufzählt; das wäre lächerlich.

Jesus Christus, der heilige Paulus verfolgen die Ordnung der Liebe, nicht die des Geistes, denn sie wollten demütigen, nicht belehren.

*Der heilige Augustinus ebenso. Diese Ordnung besteht hauptsächlich in der ausführlichen Darlegung jedes einzelnen Punktes, der einen Bezug auf den letzten Zweck besitzt, um diesen immer wieder aufzuzeigen.**

---

* L'ordre. Contre l'objection que l'Écriture n'a pas d'ordre. Le cœur a son ordre, l'esprit a le sien qui est par principe et démonstration. Le cœur en a un autre. On ne prouve pas qu'on doit être aimé en exposant d'ordre les causes de l'amour; cela serait ridicule. J.-C., saint Paul ont l'ordre de la charité, non de l'esprit, car ils voulaient rabaisser, non instruire. Saint Augustin de même. Cet ordre consiste principalement à la digression sur chaque point qui a rapport à la fin, pour la montrer toujours. (Frgm. 273/298/283)

Das Verständnis der verheißenen Güter hängt nämlich vom Herzen ab, das genau das gut nennt, was es liebt ... *

---

* Car l'intelligence des biens promis dépend du cœur qui appelle bien ce qu'il aime ... (Frgm. 255/758)

Glücksjäger –
Auf der Suche nach Glück

der glühende rebell (2021)

Alle Menschen streben nach Glück. Oder, wenn sie bescheidener formulieren bzw. schon einige Glücksrückschläge erlebt haben, nach Zufriedenheit, der kleinen Schwester des Glücks. Der entthronte König sehnt sich nach seinem Königreich. Der Mensch sehnt sich nach einem gelungenen Leben.

Die Menschen haben tausend Namen für das Glück. Ihre Rezepte sind sehr vielfältig. Doch Pascal scheint hinter all diesen etwas verworren wirkenden Projekten eine Art Grammatik des Glücks zu erkennen.

Erstens: Die Menschen haben Hunger. Sie sehnen sich nach irgendetwas, das ihnen so guttun würde, dass sie sagen könnten: Ja, das ist es! Ja, so ist es wirklich gut! So darf es bleiben! Für immer!

Zweitens: Manchmal scheint sich so ein vollkommener Moment einzustellen. Aber wir können ihn nicht halten. Oder wir können uns nicht in ihm halten. Bald ist er entflohen. Und wir wissen nicht einmal, ob wir genarrt wurden.

Drittens: Wir ersinnen Wege, um der Sache näher zu kommen. Wir gehen auf Glücksjagd. Die einen sagen, dass es am besten ist, wenn wir uns wenig wünschen und wenig erwarten. Die anderen sagen, dass wir uns im Gegenteil in alle mögliche Fülle werfen sollen. Außerhalb von uns sollen wir suchen oder in uns. Und es gibt unendlich viele Variationen und Kombinationen solcher Wege.

Viertens: Was immer wir auch anstellen und wie immer wir uns auch drehen, es funktioniert nicht richtig. Wir haben weiter Hunger. Es bleibt ein metaphysischer Durst. Und als ob wir Salzwasser trinken würden, wird der Durst immer gewaltiger. Es ist wie verhext. Wir bekommen es einfach nicht auf die Reihe.

Fünftens: Die fortgesetzte Reihe von fehlgeschlagenen Glücks-Experimenten lässt einige daran zweifeln, dass Glück überhaupt in der Schöpfung für den Menschen vorgesehen ist. Schopenhauer und Freud haben so gedacht. Ob sie auch so gelebt haben, wie sie gedacht haben, mag offenbleiben. Bei so vielen Rückschlägen auf der Glücksreise ist jedenfalls ein gewisser Glückspessimismus oder eine Glücksresignation oder wenigstens eine leichte Melancholie nicht ganz unverständlich. Pascal aber lässt den mächtigen Glückstrieb in uns uneingeschränkt gelten. Zugleich ist er allerdings der Überzeugung, dass die Menschen mit ihren Antwortversuchen einfach in die falsche Richtung laufen.

*Alle Menschen streben danach, glücklich zu sein. Dies gilt ohne Ausnahme, egal wie unterschiedlich die Mittel sind, die sie dafür einsetzen. Sie streben alle zu diesem Ziel hin. Was die einen in den Krieg ziehen lässt und die anderen nicht, ist derselbe Wunsch, der bei allen beiden nur von unterschiedlichen Blickrichtungen begleitet wird. Auch den geringsten Schritt unternimmt der Wille immer nur auf dieses Ziel hin. Das ist der Grund für alle Handlungen bei allen Menschen, sogar bei denen, die sich erhängen wollen.**

---

* Tous les hommes recherchent d'être heureux. Cela est sans exception, quelques différents moyens qu'ils y emploient. Ils tendent tous à ce but. Ce qui fait que les uns vont à la guerre et que les autres n'y vont pas est ce même désir qui est dans tous les deux accompagné de différentes vues. La volonté fait jamais la moindre démarche que vers cet objet. C'est le motif de toutes les actions de tous les hommes, jusqu'à ceux qui vont se pendre. (Frgm. 316/148/425)

Und die Philosophen, die uns als wahres Gut die Güter vorschlagen, die in uns sind? Haben sie das Heilmittel für unsere Übel gefunden? …

Das ist also der Zustand, in dem sich die Menschen heute befinden. Ein ohnmächtiger Instinkt für das Glück ihrer ersten Natur ist ihnen geblieben, und sie sind im Elend ihrer Blindheit und ihrer Begierde versunken, die zu ihrer zweiten Natur geworden ist.

*Aus diesem Grundsatz, den ich euch eröffne, könnt ihr die Ursache so vieler Widersprüche erkennen, die alle Menschen in Erstaunen versetzt und sie in so verschiedene Gefühlsrichtungen gespalten haben. Beobachtet nun alle Bewegungen von Größe und Ruhm, die die Probe von so viel Elend nicht auslöschen kann, und seht, ob die Ursache dafür nicht in einer anderen Natur liegen muss.**

---

* Sera-ce les philosophes qui nous proposent pour tout bien les biens qui sont en nous? Ont-ils trouvé le remède à nos maux? … Voilà l'état où les hommes sont aujourd'hui. Il leur reste quelque instinct impuissant du bonheur de leur première nature, et ils sont plongés dans les misères de leur aveuglement et de leur concupiscence qui est devenue leur seconde nature. De ce principe que je vous ouvre vous pouvez reconnaître la cause de tant de contrariétés qui ont étonné tous les hommes et qui les ont partagés en de si divers sentiments. Observez maintenant tous les mouvements de grandeur et de gloire que l'épreuve de tant de misères ne peut étouffer et voyez s'il ne faut pas que la cause en soit en une autre nature. (Frgm. 322/149/430)

Suche nach dem wahren Gut.

Der gewöhnliche Mensch sieht das Gute im Vermögen und in den Gütern der Außenwelt oder zumindest in der Zerstreuung.

*Die Philosophen haben die Eitelkeit all dieser Dinge aufgezeigt und das wahre Gut dorthin platziert, wo sie konnten.**

---

* Recherche du vrai bien. Le commun des hommes met le bien dans la fortune et dans les biens du dehors ou au moins dans le divertissement. Les philosophes ont montré la vanité de tout cela et l'ont mis où ils ont pu. (Frgm. 318/626/462)

Philosophen.

Wir sind voll von Dingen, die uns nach außen werfen.

*Unser Instinkt lässt uns spüren, dass wir unser Glück außerhalb von uns suchen müssen. Unsere Leidenschaften treiben uns nach außen, auch dann, wenn es keine Gegenstände gibt, die sie erregen könnten. Die Gegenstände von außen locken und rufen uns, auch wenn wir nicht an sie denken. Und so mögen die Philosophen noch so oft sagen: Kehrt in euch selbst ein, dort werdet ihr euer Glück finden. Man glaubt ihnen nicht, und die, die ihnen glauben, sind die Gedankenlosesten und Törichtesten.**

---

* Philosophes. Nous sommes pleins de choses qui nous jettent au-dehors. Notre instinct nous fait sentir qu'il faut chercher notre bonheur hors de nous. Nos passions nous poussent au-dehors, quand même les objets ne s'offriraient pas pour les exciter. Les objets du dehors nous tentent d'eux-mêmes et nous appellent quand même nous n'y pensons pas. Et ainsi les philosophes ont beau dire: rentrez-vous en vous-mêmes, vous y trouverez votre bien; on ne les croit pas et ceux qui les croient sont les plus vides et les plus sots. (Frgm. 323/143/464)

Wir sehnen uns nach Wahrheit und finden in uns nur Ungewissheit.

Wir streben nach Glück und finden nichts als Elend und Tod.

*Wir sind unfähig, die Wahrheit und das Glück nicht zu ersehnen, und sind doch weder zu Gewissheit noch zu Glück fähig.**

---

* Nous souhaitons la vérité et ne trouvons en nous qu'incertitude. Nous recherchons le bonheur et ne trouvons que misère et mort. Nous sommes incapables de ne pas souhaiter la vérité et le bonheur et sommes incapables ni de certitude ni de bonheur. (Frgm. 294/401/437)

*Wir fühlen ein Bild der Wahrheit und besitzen doch nichts als die Täuschung. Unfähig, absolut nichts zu wissen, und unfähig, etwas ganz sicher zu wissen, ist doch dies offensichtlich, dass wir uns einst in einer Art von Vollkommenheit befunden haben müssen, aus der wir nun unglücklicherweise verstoßen sind.**

---

* Nous sentons une image de la vérité et ne possédons que le mensonge. Incapables d'ignorer absolument et de savoir certainement, tant il est manifeste que nous avons été dans un degré de perfection dont nous sommes malheureusement déchus. (Frgm. 306/131/434)

*Der Mensch weiß nicht, wie hoch oder niedrig er sich einschätzen soll. Er hat sich offensichtlich verirrt und ist von seinem wahren Ort heruntergefallen, ohne ihn wiederfinden zu können. Ruhelos und ohne Erfolg sucht er ihn überall in undurchdringlichen Finsternissen.**

---

* L'homme ne sait à quel rang se mettre, il est visiblement égaré et tombé de son vrai lieu sans le pouvoir retrouver. Il le cherche partout avec inquiétude et sans succès dans des ténèbres impénétrables. (Frgm. 293/400/427)

*Da die wahre Natur verloren ging, wird alles zu seiner Natur; da das wahre Gut verloren ging, wird alles zu seinem wahren Gut.**

---

* La vraie nature étant perdue, tout devient sa nature; comme le véritable bien étant perdu, tout devient son véritable bien. (Frgm. 317/397/426)

... Und dennoch ist niemand seit so vielen Jahren jemals ohne den Glauben zu jenem Punkt gelangt, zu dem alle beständig streben. Alle beklagen sich, Prinzen, Untertanen, Adlige, Volk, Alte, Junge, Starke, Schwache, Gelehrte, Ungelehrte, Gesunde, Kranke, aus allen Ländern, allen Zeiten, allen Lebensaltern und allen Lebensumständen. ...

Was rufen uns denn diese Begierde und diese Unfähigkeit zu, wenn nicht dies, dass es einst im Menschen ein wahres Glück gegeben hat, von dem ihm jetzt nur das Zeichen und die ganz leere Spur geblieben sind. Und diese versucht er nun vergeblich mit allem zu füllen, das ihn umgibt, wobei er von den abwesenden Dingen Hilfe erwartet, die er von den gegenwärtigen nicht erhält. Doch sie alle sind hierfür ungeeignet, weil dieser unendliche Abgrund nur durch etwas Unendliches und Unwandelbares gefüllt werden kann, das heißt nur durch Gott selbst.

*Er allein ist sein wahres Glück. Und seitdem er ihn verlassen hat, gibt es seltsamerweise nichts in der Natur, was nicht geeignet schien, seinen Platz bei ihm einzunehmen: Sterne, Himmel, Erde, Elemente, Pflanzen, Kohl, Lauch, Tiere, Insekten, Kälber, Schlangen, Fieber, Pest, Krieg, Hungersnot, Laster, Ehebruch, Blutschande. Und seitdem er das wahre Glück verloren hat, kann ihm alles und jedes als solches erscheinen, sogar seine eigene Vernichtung, wiewohl sie doch allem zusammen widerspricht: Gott, der Vernunft und der Natur.**

---

* ... Et cependant depuis un si grand nombre d'années jamais personne, sans la foi, n'est arrivé à ce point où tous visent continuellement. Tous se plaignent, princes, sujets, nobles, roturiers, vieux, jeunes, forts, faibles, savants, ignorants, sains, malades, de tous pays, de tous les temps, de tous âges, et de toutes conditions. ...

*Wir kennen uns selbst so wenig, dass viele denken, sie würden bald sterben, wenn es ihnen gutgeht, und viele denken, es ginge ihnen gut, wenn sie kurz vor dem Tod stehen, weil sie nicht spüren, dass das Fieber nahe ist oder sich ein Geschwür bildet.**

Qu'est-ce donc que nous crie cette avidité et cette impuissance sinon qu'il y a eu autrefois dans l'homme un véritable bonheur, dont il ne lui reste maintenant que la marque et la trace toute vide et qu'il essaye inutilement de remplir de tout ce qui l'environne, recherchant des choses absentes le secours qu'il n'obtient pas des présentes, mais qui en sont toutes incapables parce que ce gouffre infini ne peut être rempli que par un objet infini et immuable, c'est-à-dire que par Dieu même. Lui seul est son véritable bien. Et depuis qu'il l'a quitté c'est une chose étrange qu'il n'y a rien dans la nature qui n'ait été capable de lui en tenir la place, astres, ciel, terre, éléments, plantes, choux, poireaux, animaux, insectes, veaux, serpents, fièvre, peste, guerre, famine, vices, adultère, inceste. Et depuis qu'il a perdu le vrai bien tout également peut lui paraître tel jusqu'à sa destruction propre, quoique si contraire à Dieu, à la raison et à la nature tout ensemble. (Frgm. 316/148/425)

* Nous nous connaissons si peu que plusieurs pensent aller mourir quand ils se portent bien et plusieurs pensent se porter bien quand ils sont proches de mourir ne sentant pas la fièvre prochaine ou l'abcès prêt à se former. (Frgm. 69/709/175)

Eitelkeiten, Zerstreuungen und andere Illusionen

das tier frisst (2014)

Die Glücksjagd der Menschen ist auch ein Echo von Größe und Elend. Dass wir nach Glück hungern ist eine Erinnerung an unsere Größe. Wir haben ein Gefühl dafür, dass es anders sein sollte, als es ist. Unser Status quo, so, wie wir uns jetzt vorfinden, ist ein Status quo minus, er ist defizitär. Wir vermissen etwas. So sind wir in einer misslichen Lage. Das ist ein Elend.

Zu diesem Elend unserer Lage tritt ein weiteres hinzu. Es ist das Elend dessen, was wir nun tun, um die Glücksutopie für uns einzuholen. Wir denken uns Glückswege aus, die dystopisch, die fatal sind. Wir suchen das Glück an falschen Stellen und auf falschen Wegen. Wir erpressen die endlichen Dinge, um aus ihnen unendliches Glück zu keltern. Das kann nur schiefgehen. Wer den Himmel auf Erden will, macht die Hölle.

Leider lässt sich das Elend noch weiter steigern. Wenn wir spüren, dass wir durch unsere Glücksjagd nicht wirklich glücklich werden, weil alle Glücksgüter sich sehr bald als schale Glückssurrogate erschöpfen, halten wir nicht inne, um unser ganzes Projekt noch einmal von Grund auf zu prüfen. Vielmehr lenken wir uns nun von unserer Einsicht in die fehlgeschlagenen Selbstheilungsversuche unserer Glücksjagd ab, indem wir uns vielfältig zerstreuen. Wir halten uns auf Trab. Wird irgendetwas fade, wechseln wir die Seiten. Könnte uns die Nichtigkeit unserer Vorgehensweise aufgehen, lenken wir uns ab. Camus' Vorschlag, der Erfahrung des Absurden nicht auszuweichen, sondern in ihr ehrlich zu verharren, ist etwas für die Bücher. Die Menschen leben nicht so. Auch Camus nicht. Sie schreiben lieber Bücher darüber und erzählen vom Heldenmut im Angesicht des Absurden. Auch eine Ablenkung: für die, die es mit Schauern lesen, und die, die es für die Bewunderung ihrer Leser schreiben.

Und um das Verrückte unserer Ausweichmanöver auf die Spitze zu treiben, verhindern wir sogar, dass wir das Spiel der Zerstreuungen durchschauen müssen, mit dem wir uns ablenken. Wir könnten ja aufwachen und sehen: dass alles dahinschwindet, entschwindet, nichts bleibt, dass wir nichts definitiv und endgültig wissen, dass wir nicht wirklich oder dauerhaft glücklich sind, dass der Tod kommt. Wir entschließen uns daher, Vogel Strauß zu spielen. Wir sehen einfach nicht hin oder plappern darüber hinweg. Es könnte ja das Schlimmste passieren: dass wir zur Ruhe kämen, dass uns dann wesenhaft langweilig würde und wir gezwungen wären, uns mit unserer wahren Lage wirklich auseinanderzusetzen. Aber das lässt sich ja, wie gesagt, verhindern.

Ganz offensichtlich ist der Mensch zum Denken geschaffen. Darin besteht seine ganze Würde und sein ganzes Verdienst; und seine ganze Pflicht ist es, so zu denken, wie es notwendig ist. Und so verlangt die Ordnung des Denkens, mit sich selbst, seinem Schöpfer und seinem Ziel zu beginnen.

*Woran aber denkt die Welt? Daran niemals, sondern an Tanzen, an Lautenspiel, an Singen, an Verseschmieden, an Ringkampf usw. und daran, sich zu schlagen, sich zum König zu machen, ohne darüber nachzudenken, was das eigentlich bedeutet: ein König zu sein, und was es heißt: ein Mensch zu sein.**

---

* L'homme est visiblement fait pour penser. C'est toute sa dignité et tout son mérite; et tout son devoir est de penser comme il faut. Or l'ordre de la pensée est de commencer par soi, et par son auteur et sa fin. Or à quoi pense le monde? jamais à cela, mais à danser, à jouer du luth, à chanter, à faire des vers, à courir la bague etc. et à se battre, à se faire roi, sans penser à ce que c'est qu'être roi et qu'être homme. (Frgm. 91/620/146)

*Nichts gefällt uns mehr als der Kampf, nicht aber der Sieg.**

***

*Wir suchen nie die Dinge, sondern die Suche nach den Dingen.***

***

*Das ist der Grund, warum man die Jagd mehr mag als die Beute.****

---

* Rien ne nous plaît que le combat mais non pas la victoire. (Frgm. 162/773/135)

** Nous ne cherchons jamais les choses, mais la recherche des choses. (Frgm. 162/773/135)

*** Raison pourquoi on aime mieux la chasse que la prise. (Frgm. 288/136/139)

Zerstreuung. –

Wenn der Mensch wirklich glücklich wäre, wäre er es umso mehr, je weniger er zerstreut wäre … *

***

Zerstreuung.

*Wenn ich gelegentlich die verschiedenen Aktivitäten der Menschen und die Gefahren und Mühen betrachtete, denen sie sich am Königshof und im Krieg aussetzen, wo so viele Zankereien, Leidenschaften, kühne und oft schlechte Machenschaften usw. auftreten, habe ich oft gesagt, dass alles Unglück der Menschen von einer einzigen Sache herrührt, nämlich dass sie nicht wissen, wie man in einem Zimmer in Ruhe gelassen sitzen bleibt.***

---

* Divertissement – Si l'homme était heureux il le serait d'autant plus qu'il serait moins diverti … (Frgm. 171/132/170)

** Divertissement. Quand je m'y suis mis quelquefois à considérer les diverses agitations des hommes, et les périls, et les peines où ils s'exposent dans la Cour, dans la guerre d'où naissent tant de querelles, de passions, d'entreprises hardies et souvent mauvaises, etc., j'ai dit souvent que tout le malheur des hommes vient d'une seule chose, qui est de ne savoir pas demeurer en repos dans une chambre. (Frgm. 160/136/139)

*Das einzige Glück der Menschen liegt also darin, dass sie davon abgelenkt werden, über ihren Zustand nachzudenken, entweder durch eine Beschäftigung, die sie davon abhält, oder durch irgendeine angenehme und neue Leidenschaft, die sie ausfüllt, oder durch Spiel, Jagd, irgendein fesselndes Schauspiel und überhaupt durch das, was man eben Zerstreuung nennt.**

---

* L'unique bien des hommes consiste donc à être divertis de penser à leur condition ou par une occupation qui les en détourne, ou par quelque passion agréable et nouvelle qui les occupe, ou par le jeu, la chasse, quelque spectacle attachant, et enfin par ce qu'on appelle divertissement. (Frgm. 160/136/139)

Sie haben einen geheimen Instinkt, der sie dazu bringt, Zerstreuung und äußerlichen Zeitvertreib zu suchen, der aus dem Missmut über ihr fortwährendes Elend stammt. Und sie haben einen anderen geheimen Instinkt, der von der Größe unserer ersten Natur übriggeblieben ist und sie wissen lässt, dass das Glück tatsächlich nur in der Ruhe und nicht im Getümmel zu finden ist. Und aus diesen beiden gegensätzlichen Instinkten bildet sich in ihnen ein verworrener Plan, der sich vor ihren Augen in der Tiefe ihrer Seele verbirgt und sie dazu bringt, ruhelos nach Ruhe zu streben und sich dabei immer auszumalen, dass die Zufriedenheit, die sie nicht haben, ihnen dann zuteilwürde, wenn sie nur einige Schwierigkeiten, die sie in Angriff nehmen, überwinden und sie sich auf diese Weise die Tür zur Ruhe öffnen können.

So verrinnt das ganze Leben; man sucht die Ruhe, indem man gegen einige Hindernisse ankämpft, und wenn man sie überwunden hat, wird die Ruhe unerträglich durch die Langeweile, die sie mit sich bringt. Man muss aus ihr ausbrechen und den Trubel herbeisehnen.

*Denn entweder denkt man an das Unglück, das man hat, oder an das, das einem droht. Und wenn man sich auch nur einigermaßen allseits in Sicherheit wähnt, wird die Langeweile doch mit ihrer verborgenen Macht unweigerlich aus der Tiefe des Herzens, wo sie ihre natürlichen Wurzeln hat, hervorbrechen und den Geist mit ihrem Gift erfüllen.**

---

* Ils ont un instinct secret qui les porte à chercher le divertissement et l'occupation au-dehors, qui vient du ressentiment de leurs misères continuelles. Et ils ont un autre instinct secret qui reste de la grandeur de notre première nature, qui leur fait connaître que le

Langeweile.

Nichts ist für den Menschen so unerträglich, wie in völliger Ruhe zu sein, ohne Leidenschaften, ohne Geschäfte, ohne Zerstreuung, ohne Beanspruchung.

Dann fühlt er seine Nichtigkeit, seine Verlassenheit, seinen Mangel, seine Angewiesenheit, seine Hilflosigkeit, seine Leere.

*Unverzüglich dringen dann aus der Tiefe seiner Seele Langeweile, Düsternis, Traurigkeit, Kummer, Verdruss und Verzweiflung empor.**

---

bonheur n'est en effet que dans le repos et non pas dans le tumulte. Et de ces deux instincts contraires il se forme en eux un projet confus qui se cache à leur vue dans le fond de leur âme qui les porte à tendre au repos par l'agitation et à se figurer toujours que la satisfaction qu'ils n'ont point leur arrivera si en surmontant quelques difficultés qu'ils envisagent ils peuvent s'ouvrir par là la porte au repos. Ainsi s'écoule toute la vie; on cherche le repos en combattant quelques obstacles et si on les a surmontés le repos devient insupportable par l'ennui qu'il engendre. Il en faut sortir et mendier le tumulte. Car ou l'on pense aux misères qu'on a ou à celles qui nous menacent. Et quand on se verrait même assez à l'abri de toutes parts l'ennui de son autorité privée ne laisserait pas de sortir du fond du cœur où il a des racines naturelles, et de remplir l'esprit de son venin. (Frgm. 283/136/139)

* Ennui. Rien n'est si insupportable à l'homme que d'être dans un plein repos, sans passions, sans affaires, sans divertissement, sans application. Il sent alors son néant, son abandon, son insuffisance, sa dépendance, son impuissance, son vide. Incontinent il sortira du fond de son âme, l'ennui, la noirceur, la tristesse, le chagrin, le dépit, le désespoir. (Frgm. 155/622/131)

Das heißt, der Mensch ist so unglücklich, dass er sich auch ohne jeden Grund von Langeweile, nur aufgrund der Eigenart seiner Beschaffenheit, langweilen würde. Und er ist so eitel, dass, obwohl er von tausend wesentlichen Gründen für Langeweile erfüllt ist, schon die geringste Sache, wie ein Billardtisch und ein Ball, den er stößt, ausreicht, um ihn zu zerstreuen.

*Aber Sie werden fragen, welchen Zweck er mit all dem verfolgt? Nun, diesen, morgen unter seinen Freunden damit zu prahlen, dass er besser gespielt hat als ein anderer. So schwitzen andere in ihrem Arbeitszimmer, um den Wissenschaftlern zu beweisen, dass sie eine Frage der Algebra gelöst haben, die man bisher nicht hatte lösen können, und wieder andere setzen sich den größten Gefahren aus, um sich später mit einem Ort zu brüsten, den sie nach meinem Geschmack ebenso töricht erobert haben. Und andere schließlich bringen sich beinahe um, nur um all diese Dinge zu beobachten, nicht um dabei weiser zu werden, sondern nur um zu zeigen, dass sie Bescheid wissen, und das sind die größten Narren der ganzen Schar, da sie es mit Bewusstsein sind, während man von den anderen annehmen kann, dass sie nicht mehr töricht wären, wenn sie dieses Wissen hätten.**

---

* Ainsi l'homme est si malheureux qu'il s'ennuierait même sans aucune cause d'ennui par l'état propre de sa complexion. Et il est si vain, qu'étant plein de mille causes essentielles d'ennui, la moindre chose comme un billard et une balle qu'il pousse, suffisent pour le divertir. Mais direz-vous quel objet a(-t-)il en tout cela? celui de se vanter demain entre ses amis de ce qu'il a mieux joué qu'un autre. Ainsi les autres suent dans leur cabinet pour montrer aux savants qu'ils ont résolu une question d'algèbre qu'on n'aurait pu trouver

Über den Wunsch, von denen wertgeschätzt zu werden, mit denen man zusammen ist.

Inmitten unseres Elends, Irrtums usw. hält uns der Stolz in einem fast natürlichen Bann. Wir verlieren sogar unser Leben mit Freude, wenn man nur darüber spricht.

*Eitelkeit, Spiel, Jagd, Besuche, Komödien, vorgetäuschte Verewigung des Namens.**

---

jusqu'ici, et tant d'autres s'exposent aux derniers périls pour se vanter ensuite d'une place qu'ils auront prise aussi sottement à mon gré. Et enfin les autres se tuent pour remarquer toutes ces choses, non pas pour en devenir plus sages, mais seulement pour montrer qu'ils les savent, et ceux-là sont les plus sots de la bande puisqu'ils le sont avec connaissance, au lieu qu'on peut penser des autres qu'ils ne le seraient plus s'ils avaient cette connaissance. (Frgm. 160/136/139)

* Du désir d'être estimé de ceux avec qui on est. L'orgueil nous tient d'une possession si naturelle au milieu de nos misères, erreur, etc. Nous perdons encore la vie avec joie pourvu qu'on en parle. Vanité, jeu, chasse, visites, comédies, fausse perpétuité de nom. (Frgm. 628/153)

*Die Eitelkeit ist so tief im Herzen des Menschen verankert, dass ein Soldat, ein Schurke, ein Koch, ein Einbrecher sich rühmt und seine Bewunderer haben will, und selbst die Philosophen wollen sie haben, und die, die dagegen schreiben, wollen den Ruhm haben, gut geschrieben zu haben, und die, die sie lesen, wollen den Ruhm haben, sie gelesen zu haben, und ich, der ich dies schreibe, habe vielleicht dieses Verlangen, und vielleicht haben es auch die, die es lesen werden.**

---

* La vanité est si ancrée dans le cœur de l'homme qu'un soldat, un goujat, un cuisinier, un crocheteur se vante et veut avoir ses admirateurs et les philosophes mêmes en veulent, et ceux qui écrivent contre veulent avoir la gloire d'avoir bien écrit, et ceux qui les lisent veulent avoir la gloire de les avoir lus, et moi qui écris ceci ai peut-être cette envie, et peut-être que ceux qui le liront. (Frgm. 627/150)

Elend.

*Das Einzige, was uns über unser Elend hinwegtröstet, ist die Zerstreuung. Und doch ist sie zugleich unser größtes Elend. Denn sie ist es, was uns hauptsächlich davon abhält, über uns selbst nachzudenken, und was uns unmerklich zugrunde gehen lässt. Ohne sie litten wir an Langeweile, und diese Langeweile würde uns dazu bringen, nach einem zuverlässigeren Mittel zu suchen, um aus ihr herauszukommen; aber die Zerstreuung unterhält uns und lenkt uns unauffällig zum Tod.**

---

* Misère. La seule chose qui nous console de nos misères est le divertissement. Et cependant c'est la plus grande de nos misères. Car c'est cela qui nous empêche principalement de songer à nous et qui nous fait perdre insensiblement. Sans cela nous serions dans l'ennui, et cet ennui nous pousserait à chercher un moyen plus solide d'en sortir, mais le divertissement nous amuse et nous fait arriver insensiblement à la mort. (Frgm. 168/414/171)

*Das Dahinschwinden. Es ist eine schreckliche Sache, wenn man spürt, dass alles dahinschwindet, was man besitzt.**

***

*Da die Menschen den Tod, das Elend und die Unwissenheit nicht heilen konnten, sind sie, um sich glücklich zu machen, auf den Einfall gekommen, nicht daran zu denken.***

***

*Sorglos laufen wir in den Abgrund, nachdem wir etwas vor uns hingestellt haben, das uns daran hindert, ihn zu sehen.****

***

*Der letzte Akt ist blutig, so schön die Komödie im Übrigen ist. Am Ende wirft man uns Erde auf den Schädel, und das war's für immer.*****

---

* L'écoulement. C'est une chose horrible de sentir s'écouler tout ce qu'on possède. (Frgm. 68/757/212)

** Les hommes n'ayant pu guérir la mort, la misère, l'ignorance, ils se sont avisés, pour se rendre heureux, de n'y point penser. (Frgm. 169/133/168)

*** Nous courons sans souci dans le précipice après que nous avons mis quelque chose devant nous pour nous empêcher de le voir. (Frgm. 355/166/183)

**** Le dernier acte est sanglant quelque belle que soit la comédie en tout le reste. On jette enfin de la terre sur la tête et en voilà pour jamais. (Frgm. 354/165/210)

Wahre Bildung

wachstum (2021)

Bildung ist ein Resultat. Dann sind wir gebildet. Bildung ist ein Prozess. Dann ist sie ein Weg der Formung und Verwandlung. Gebildet ist zunächst derjenige, der keinen verkürzten Begriff des Menschen und seiner Lage duldet. Die Lage des Menschen ist aber voller Widersprüche, Dissonanzen und Spannungen.

Der Fehler, der in der Regel begangen wird, besteht in einem unterkomplexen Denken. Man favorisiert eine Seite der Medaille und behauptet, sie sei das Eigentliche. In ihr erkenne man das Wesen des Menschen. Das andere ist dazu nur sekundär oder irrelevant oder abgeleitet oder was auch immer.

So betonen die meisten Denker eine Seite und vernachlässigen die andere. Der Mensch ist eigentlich Geist und nicht Leib oder Körper. Die anderen sagen es andersherum. Oder: Der Mensch ist Logik, nicht Leidenschaft, rational, nicht irrational, Denken, nicht Gefühl. Die anderen vertreten das Gegenteil. Es ist der Geist, nicht das Gehirn. Oh nein, das Gehirn ist entscheidend, der Geist ist nur … Der Mensch ist im Grunde gut, böse wird er nur … Nein, er ist zutiefst ein Egoist, das Gute ist ein netter Trick, raffinierte Fassade. Innen findest Du die Wahrheit, geh den Weg nach innen. Ach, es gibt ja eigentlich kein »Innen«. Außen, wenn man so will, spielt sich alles Maßgebliche ab. Usw. usw.

Pascal hingegen sagt: sowohl als auch. Er sagt: das eine UND das andere. Und er hält die Spannung aus. Dafür findet er Formeln wie: Größe und Elend, entthronter König oder denkendes Schilfrohr. Er mildert die sonderbare Zweiheit des Menschen nicht zu einer Pseudo-Einheit herab, indem er irgendeinen Aspekt beseitigt oder relativiert. Er gibt aber auch keine Synthese, die harmonisiert. In unserem Denkvermögen, so vermutet er, gibt es keine lösende Antwort für die so schwierige und sonderbare Frage, die wir sind.

Schließlich noch ein Wort zu wahrer Bildung, die aus Pascals väterlicher Erziehung herrührt. Diese war frei im Denken und universal in den Themen: Sprachen, Grammatik, Kultur, Religion, das Suchen nach plausiblen Gründen für die Eigenart der Dinge. Später kam noch die anfänglich zurückgehaltene mathematisch-naturwissenschaftliche Welt hinzu. Gebildet ist danach der, der kein Fachidiot ist, kein Spezialist, dessen Horizont eher klein und dessen Expertise sehr tief ist. Pascal begreift Bildung als die Freude, wenig von allem oder möglichst viel von vielem zu wissen, sich in weitem Horizont zu bewegen, jedenfalls so viel zu wissen, dass man auf eine interessante und produktive Weise mit anderen Menschen über vieles in ein lehrreiches Gespräch kommen kann.

Unbeständigkeit.

Man meint, einfache Orgeln zu berühren, wenn man den Menschen berührt. Sie sind auch wirklich wie Orgeln, aber doch seltsame, wandelbare und veränderliche. (Diejenigen, die nur die gewöhnlichen Orgeln spielen können,) *würden bei den menschlichen keinen Akkord zustande bringen und sich über sie nicht einig werden. Man muss wissen, wo die (Tasten) sind.**

---

* Inconstance. On croit toucher des orgues ordinaires en touchant l'homme. Ce sont des orgues à la vérité, mais bizarres, changeantes, variables. (*Ceux qui ne savent toucher que les ordinaires*) ne seraient pas d'accord sur celles-là. Il faut savoir où sont les (touches). (Frgm. 1/55/111)

*Der Mensch ist weder Engel noch Tier, und das Unglück will, dass derjenige, der ihn zum Engel machen möchte, ihn zum Tier macht.**

---

* L'homme n'est ni ange ni bête, et le malheur veut que qui veut faire l'ange fait la bête. (Frgm. 83/678/358)

Die Natur des Menschen kann auf zwei Arten betrachtet werden, einmal nach dem Endzweck, und dann ist der Mensch groß und unvergleichlich; und zum anderen nach der Masse, wie man etwa die Natur des Pferdes und des Hundes nach der großen Masse beurteilt, indem man das Laufverhalten und den animum arcendi *(den Wachinstinkt) darin erkennt, und insofern ist der Mensch niedrig und minderwertig. Und das sind die beiden Wege, auf denen sie unterschiedlich beurteilt werden und über die die Philosophen so sehr streiten. Denn der eine verneint die Voraussetzung des anderen. Der eine sagt: Er ist nicht zu diesem Endzweck geboren, denn alle seine Taten widersprechen ihm; der andere sagt: Er entfernt sich vom Endzweck, wenn er diese schlechten Taten begeht.**

---

* La nature de l'homme se considère en deux manières, l'une selon la fin, et alors il est grand et incomparable; l'autre selon la multitude, comme on juge de la nature du cheval et du chien par la multitude, d'y voir la course *et animum arcendi*[21], et alors l'homme est abject et vil. Et voilà les deux voies qui en font juger diversement et qui font tant disputer les philosophes. Car l'un nie la supposition de l'autre. L'un dit: il n'est point né à cette fin, car toutes ses actions y répugnent, l'autre dit: il s'éloigne de la fin quand il fait ces basses actions. (Frgm. 188/127/415)

Die Philosophen haben keine Gefühlsregungen bestimmt, die den beiden Zuständen angemessen waren.

Sie inspirierten Bewegungen von reiner Größe, und das ist nicht der Zustand des Menschen.

Sie inspirierten Bewegungen der reinen Niedrigkeit, und das ist nicht der Zustand des Menschen.

*Es bedarf der Bewegungen der Niedrigkeit, nicht der Natur, sondern der Reue, und nicht um darin zu verharren, sondern um zur Größe hin zu gelangen. Es bedarf der Bewegungen der Größe, nicht aus eigenem Verdienst, sondern aus Gnade und nachdem man durch die Niedrigkeit hindurchgegangen ist.**

---

* Les philosophes ne prescrivaient point des sentiments proportionnés aux deux états. Ils inspiraient des mouvements de grandeur pure et ce n'est pas l'état de l'homme. Ils inspiraient des mouvements de bassesse pure et ce n'est pas l'état de l'homme. Il faut des mouvements de bassesse, non de nature, mais de pénitence non pour y demeurer mais pour aller à la grandeur. Il faut des mouvements de grandeur, non de mérite mais de grâce et après avoir passé par la bassesse. (Frgm. 76/398/525)

*Alle ihre Prinzipien sind wahr, die der Pyrrhoniker, der Stoiker, der Atheisten usw. …, aber ihre Schlussfolgerungen sind falsch, weil die entgegengesetzten Prinzipien ebenfalls wahr sind.**

***

*Alle irren umso gefährlicher umher, als jeder von ihnen nur einer Wahrheit folgt. Ihr Fehler ist nicht, dass sie einer Unwahrheit folgen, sondern dass sie einer anderen Wahrheit nicht folgen.***

---

* Tous leurs principes sont vrais, des pyrrhoniens, des stoïques, des athées, etc. … mais leurs conclusions sont fausses, parce que les principes opposés sont vrais aussi. (Frgm. 229/619/394)

** Tous errent d'autant plus dangereusement qu'ils suivent chacun une vérité; leur faute n'est pas de suivre une fausseté, mais de ne pas suivre une autre vérité. (Frgm. 228/443/863)

*Der Mensch ist voller Bedürfnisse. Er liebt nur diejenigen, die sie alle erfüllen können. Das ist ein guter Mathematiker, wird man sagen, aber ich interessiere mich nicht für Mathematik; er würde mich wie einen Lehrsatz behandeln. Das ist ein guter Krieger; er würde mich wie einen belagerten Ort behandeln. Ich brauche also einen Ehrenmann, der sich grundsätzlich an all meine Bedürfnisse anpassen kann.**

---

* L'homme est plein de besoins. Il n'aime que ceux qui peuvent les remplir tous. C'est un bon mathématicien dira(-t-)on, mais je n'ai que faire de mathématique; il me prendrait pour une proposition. C'est un bon guerrier: il me prendrait pour une place assiégée. Il faut donc un honnête homme qui puisse s'accommoder à tous mes besoins généralement. (Frgm. 54/605/56)

Ehrenmann. *Man sollte nicht sagen können, dass er ein Mathematiker, ein Prediger oder ein Redner sei, sondern dass er ein Ehrenmann ist. Allein diese universelle Eigenschaft gefällt mir. Wenn man sich beim Anblick eines Mannes an sein Buch erinnert, ist das ein schlechtes Zeichen. Ich möchte, dass man keine Eigenschaft bemerkt, es sei denn nur gerade bei dieser Begebenheit und der Gelegenheit, wo sie im Einsatz ist.* Ne quid nimis *(nichts im Übermaß/wenig von allem), damit nicht eine Eigenschaft überwiegt und zum Taufnamen wird; dass man nicht daran denkt, dass er gut redet, außer wenn es gerade darum geht, gut zu reden; dann allerdings soll man es auch bemerken.**

---

* *Honnête homme.* Il faut qu'on n'en puisse (dire) ni il est mathématicien, ni prédicateur, ni éloquent mais il est honnête homme. Cette qualité universelle me plaît seule. Quand en voyant un homme on se souvient de son livre c'est mauvais signe. Je voudrais qu'on ne s'aperçût d'aucune qualité que par la rencontre et l'occasion d'en user, *ne quid nimis*, de peur qu'une qualité ne l'emporte et ne fasse baptiser; qu'on ne songe point qu'il parle bien, sinon quand il s'agit de bien parler, mais qu'on y songe alors. (Frgm. 55/647/35)

*(Wenig von allem). Da man nicht universell sein kann, da man nicht alles weiß, was man über alles wissen kann, muss man ein wenig von allem wissen. Denn es ist viel schöner, etwas von allem zu wissen, als alles von einer Sache zu wissen. Diese Allseitigkeit ist das Schönste. Wenn man beides haben könnte, wäre es noch besser. Aber wenn man wählen muss, muss man sich für diese entscheiden. Und die Welt weiß das und tut es, denn die Welt ist oft ein guter Richter.**

---

* (Peu de tout). Puisqu'on ne peut être universel en sachant tout ce qui se peut savoir sur tout, il faut savoir peu de tout, car il est bien plus beau de savoir quelque chose de tout que de savoir tout d'une chose. Cette universalité est la plus belle. Si on pouvait avoir les deux encore mieux, mais s'il faut choisir il faut choisir celle-là. Et le monde le sait et le fait, car le monde est un bon juge souvent. (Frgm. 60/195/37)

Man gilt in der Welt nicht als jemand, der sich in Versen auskennt, wenn man nicht das Aushängeschild eines Dichters, Mathematikers usw. trägt. Aber die allgemeingebildeten Leute wollen kein Namensschild und machen kaum einen Unterschied zwischen dem Beruf des Dichters und dem des Kunststickers.

Die Universalgelehrten werden weder Dichter noch Geometer usw. genannt. Aber sie sind all dies und können über all dieses urteilen. Man kann sie nicht vorhersagen, und sie werden über das sprechen, über das man gerade sprach, als sie eintraten. Man bemerkt an ihnen nicht eine Eigenschaft mehr als eine andere, außer der, von der es gerade notwendig ist, sie zu gebrauchen; dann aber bemerkt man sie auch. Denn es gehört gleichermaßen zu solcher Wesensart, dass man nicht von ihnen sagt, dass sie gut sprechen, wenn von Sprache gerade nicht die Rede ist, wie man von ihnen sagt, dass sie gut sprechen, wenn von Sprache gerade die Rede ist.

*Es ist also ein falsches Lob, das man einem Menschen gibt, wenn man von ihm sagt, wenn er eintritt, dass er sehr geschickt in der Poesie ist, und es ist ein schlechtes Zeichen, wenn man sich nicht auf diesen Menschen beruft, wenn es darum geht, irgendwelche Verse zu beurteilen.**

---

* On ne passe point dans le monde pour se connaître en vers si l'on (n')a mis l'enseigne de poète, de mathématicien, etc. mais les gens universels ne veulent point d'enseigne et ne mettent guère de différence entre le métier de poète et celui de brodeur. Les gens universels ne sont appelés ni poètes, ni géomètres, etc. Mais ils sont tout cela et juges de tous ceux-là. On ne les devine point et parleront de ce qu'on parlait quand ils sont entrés. On ne s'aperçoit point en eux d'une qualité plutôt que d'une autre, hors de la nécessité de la

*Man lehrt die Menschen nicht, Ehrenmänner zu sein, sondern man lehrt sie alles andere. Und sie sind niemals darauf versessen, etwas von allem anderen zu wissen wie darauf, Ehrenmänner zu sein. Sie sind nur darauf bedacht, das eine zu wissen, was sie nicht lernen.**

***

*Ein höchstes Talent, das alles andere lenkt und leitet.***

---

mettre en usage, mais alors on s'en souvient. Car il est également de ce caractère qu'on ne dise point d'eux qu'ils parlent bien quand il n'est point question du langage et qu'on dise d'eux qu'ils parlent bien quand il en est question. C'est donc une fausse louange qu'on donne à un homme quand on dit de lui lorsqu'il entre qu'il est fort habile en poésie et c'est une mauvaise marque quand on n'a pas recours à un homme quand il s'agit de juger de quelques vers. (Frgm. 53/587/34)

* On n'apprend point aux hommes à être honnestes hommes, et on leur apprend tout le reste. Et ils ne se piquent jamais tant de savoir rien du reste comme d'être honnestes hommes. Ils ne se piquent de savoir que la seule chose qu'ils n'apprennent point. (Frgm. 59/778/68)

** Talent principal qui règle tous les autres. (Frgm. 57/715/118)

Den verborgenen Gott suchen

erinnerung (2021)

Nichts auf der Welt stellt unsere Fragen still. Unsere Vernunft findet keine klaren und endgültigen Antworten für das, was uns bewegt. Was wahr ist und was uns wirklich glücklich macht, liegt nicht in unserer Hand. Wir haben Sehnsucht danach, finden aber keine tragfähige Antwort.

Offensichtlich ist die Frage, die wir sind, so groß, dass nur ein Gott sie beantworten könnte. Was ist wirklich wahr? Ewig wahr? Was macht uns wirklich glücklich? Das müsste uns ein Gott sagen und geben.

Wenn wir einen gleichsam göttlichen Hunger nach Wahrheit und Glück in uns haben, ließe sich dann nicht ein Gott finden, der ihn befriedigt? Wer nicht glaubt, soll zweifeln und suchen und sehen, ob die Vernunft hierbei Klarheit findet. Vielleicht findet sie überzeugende Hinweise. Denn es geht doch um uns, um alles, unsere tiefsten existentiellen Interessen. Das darf uns nicht kalt lassen. Desinteresse in dieser Frage kann Pascal nicht akzeptieren. Man müsste von allen guten Geistern verlassen sein, wollte man hier nicht Bescheid wissen.

So muss also der, der nicht gläubig ist, sich im eigenen Interesse auf die Suche begeben. Kann die Vernunft dabei Evidenz für Gott schaffen? Das scheint uns in eine neue Verlegenheit zu bringen. Denn alles, was ist, gibt keine eindeutigen Zeichen. Macht die Vernunft die Welt völlig transparent für eine klare Antwort im Blick auf Gott? Keineswegs. Manches scheint auf ihn hinzuweisen. Anderes tut es nicht. Im einen Fall wäre Gott offenbar, im anderen, wenn es ihn geben sollte, wäre er ein verborgener Gott.

Der in uns verborgene Gott, der unbewusste Gott in uns, wenn wir es so ausdrücken wollen, ist der göttliche Hunger nach Wahrheit und Glück. Diese Sehnsucht mögen wir als Hinweis auf den abwesenden Gott in uns verstehen. Wäre es aber möglich, dass wir unsere Sehnsucht falsch verstehen? Könnte sie illusionär sein? Findet sich eine einlösbare Antwort auf sie?

Pascal meint, dass wir suchen müssen, auf vernünftige Weise suchen müssen. Aber die Vernunft ist nur dann vernünftig, wenn sie begreift, dass sie diese Suche nach Gott nicht positiv beantworten kann. Die Welt und alles in ihr erweist sich als zweideutig. Wir Menschen bleiben im Zwielicht. Es gibt genug Licht für die, die nichts anderes wollen, als zu sehen, und genug Dunkelheit, für die, die nichts anderes wollen, als nicht zu sehen. Vernunft löst dieses Zwielicht nicht auf. An ihre Stelle rückt daher etwas anderes: der Wille.

*Das ewige Schweigen dieser unendlichen Weiten macht mir Angst.**

---

* Le silence éternel de ces espaces infinis m'effraie. (Frgm. 12/201/206)

*Ich fühle, dass ich auch hätte nicht gewesen sein können; denn das Ich besteht in meinem Denken. Also hätte dieses denkende Ich nie existiert, wenn meine Mutter getötet worden wäre, bevor ich lebendig wurde. Also bin ich kein notwendiges Wesen. Ich bin weder ewig noch unendlich. Aber ich kann gut einsehen, dass es in der Natur ein notwendiges, ewiges und unendliches Wesen gibt.**

---

* Je sens que je puis n'avoir point été, car le moi consiste dans ma pensée; donc moi qui pense n'aurais point été, si ma mère eût été tuée avant que j'eusse été animé, donc je ne suis pas un être nécessaire. Je ne suis pas aussi éternel ni infini, mais je vois bien qu'il y a dans la nature un être nécessaire, éternel et infini. (Frgm. 66/135/469)

Das ist es nun, was ich sehe und was mich verwirrt. Ich schaue nach allen Seiten, und ich sehe nichts als nur Dunkelheit. Die Natur bietet mir nichts, was nicht Anlass zu Zweifel und Unruhe wäre. Wenn ich in ihr nichts sehen könnte, was auf etwas Göttliches hinweisen würde, sähe ich mich gezwungen, es zu verneinen. Wenn ich aber überall die Zeichen eines Schöpfers sehen würde, so würde ich friedvoll im Glauben ruhen. Da ich aber zu viel sehe, um zu leugnen, und zu wenig, um gewiss zu sein, befinde ich mich in einem beklagenswerten Zustand, in dem ich mir hundertmal gewünscht habe, dass, wenn ein Gott die Natur erhält, sie unzweideutig auf ihn hinweisen möge, und dass sie alle trügerischen Hinweise auf ihn ganz beseitigen möge, dass sie also alles oder nichts sagen soll, damit ich sehen könnte, welche Seite ich wählen soll. In dem Zustand, in dem ich mich befinde, wo ich nicht weiß, wer ich bin und was ich tun soll, erkenne ich weder meine Lage noch meine Pflicht. Mein Herz strebt ganz danach zu wissen, wo sich das wahre Glück befindet, um es zu beherzigen: Für die Ewigkeit wäre mir nichts zu teuer.

*Ich bin neidisch auf jene, die ich ihren Glauben so nachlässig leben sehe und die eine Gabe so schlecht gebrauchen, von welcher ich, wie mir scheint, einen so ganz anderen Gebrauch machen würde.**

---

* Voilà ce que je vois et ce qui me trouble. Je regarde de toutes parts, et je ne vois partout qu'obscurité. La nature ne m'offre rien qui ne soit matière de doute et d'inquiétude. Si je n'y voyais rien qui marquât une Divinité, je me déterminerais à la négative; si je voyais partout les marques d'un Créateur, je reposerais en paix dans la foi. Mais, voyant trop pour nier et trop peu pour m'assurer, je suis dans un état à plaindre, et où j'ai souhaité cent fois que, si un Dieu la sou-

Dass Gott sich verbergen wollte.

Wenn es nur eine Religion gäbe, so wäre Gott in ihr sicher sichtbar.

Wenn es Märtyrer nur in unserer Religion geben würde, würde es sich ebenso verhalten.

Da Gott derart verborgen ist, ist jede Religion, die nicht sagt, dass Gott verborgen ist, unwahr, und jede Religion, die nicht erklärt, warum, ist nicht instruktiv. Die unsrige tut all dies. Fürwahr, du bist ein verborgener Gott.*

---

tient, elle le marquât sans équivoque; et que, si les marques qu'elle en donne sont trompeuses, elle les supprimât tout à fait; qu'elle dît tout ou rien, afin que je visse quel parti je dois suivre. Au lieu qu'en l'état où je suis, ignorant ce que je suis et ce que je dois faire, je ne connais ni ma condition, ni mon devoir. Mon cœur tend tout entier à connaître où est le vrai bien, pour le suivre; rien ne me serait trop cher pour l'éternité. Je porte envie à ceux que je vois dans la foi vivre avec tant de négligence, et qui usent si mal d'un don duquel il me semble que je ferais un usage si différent. (Frgm. 398/429/229)

* Que Dieu s'est voulu cacher. S'il n'y avait qu'une religion Dieu y serait bien manifeste. S'il n'y avait des martyrs qu'en notre religion de même. Dieu étant ainsi caché toute religion qui ne dit pas que Dieu est caché n'est pas véritable, et toute religion qui n'en rend pas la raison n'est pas instruisante. La nôtre fait tout cela. *Vere tu es deus absconditus.* (Frgm. 397/242/585)

*Die Natur hat Vollkommenheiten, um zu zeigen, dass sie das Abbild Gottes ist, und sie hat Unvollkommenheiten, um zu zeigen, dass sie nur sein Abbild ist.**

***

*Diejenigen ehren die Natur wirklich, die von ihr lehren, dass sie über alles reden kann, sogar über Theologie.***

---

* La nature a des perfections pour montrer qu'elle est l'image de Dieu et des défauts pour montrer qu'elle n'en est que l'image. (Frgm. 400/934/580)

** Ceux-là honorent bien la nature qui lui apprennent qu'elle peut parler de tout, et même de théologie. (Frgm. 675/29)

*So lehrt das ganze Universum den Menschen, dass er entweder verdorben oder dass er erlöst ist. Alles belehrt ihn über seine Größe oder sein Elend.**

***

*Es ist also wahr, dass alles den Menschen über seinen Zustand belehrt, aber man muss es richtig verstehen: Denn es ist nicht wahr, dass alles Gott zeigt, und es ist nicht wahr, dass alles Gott verbirgt. Aber es ist zugleich wahr, dass er sich vor jenen verbirgt, die ihn versuchen, und dass er sich jenen offenbart, die ihn suchen, weil die Menschen gleichermaßen Gottes unwürdig und Gottes fähig sind: unwürdig durch ihre Verderbnis, fähig durch ihre erste Natur.***

---

* Ainsi tout l'univers apprend à l'homme, ou qu'il est corrompu, ou qu'il est racheté. Tout lui apprend sa grandeur ou sa misère. (Frgm. 107/442/560a)

** Il est donc vrai que tout instruit l'homme de sa condition, mais il le faut bien entendre: car il n'est pas vrai que tout découvre Dieu, et il n'est pas vrai que tout cache Dieu. Mais il est vrai tout ensemble qu'il se cache à ceux qui le tentent, et qu'il se découvre à ceux qui le cherchent, parce que les hommes sont tout ensemble indignes de

*Gott ist verborgen. Aber er lässt sich von denen finden, die ihn suchen.**

***

*Es gibt genug Licht für diejenigen, die nichts anderes wollen als zu sehen, und genug Dunkelheit für diejenigen, die eine entgegensetzte Neigung haben.***

Dieu et capables de Dieu: indignes par leur corruption, capables par leur première nature. (Frgm. 403/444/557)

* Dieu est caché. Mais il se laisse trouver à ceux qui le cherchent. (Frgm. 409/XV)

** Il y a assez de lumière pour ceux qui ne désirent que de voir, et assez d'obscurité pour ceux qui ont une disposition contraire. (Frgm. 412/149/430)

Man stelle sich vor: ein Mensch in einem Kerker. Er weiß nicht, ob das Urteil über ihn gefällt ist, und ihm bleibt nur noch eine Stunde, um dies zu erfahren. Aber diese eine Stunde würde genügen, das Urteil, sobald er weiß, dass es über ihn gesprochen wurde, zu widerrufen. Ist es da nicht gegen die Natur, diese Stunde nicht zu nutzen, um sich zu informieren, ob das Urteil über ihn gefällt wurde und stattdessen Karten zu spielen?

So ist es also übernatürlich, dass der Mensch usw. Man sieht das schwere Gewicht der göttlichen Hand.

*So wird Gott nicht allein durch den Eifer derer bewiesen, die ihn suchen, sondern auch durch die Blindheit derer, die ihn nicht suchen.**

---

* Un homme dans un cachot, ne sachant pas si son arrêt est donné, n'ayant plus qu'une heure pour l'apprendre, cette heure suffisant s'il sait qu'il est donné pour le faire révoquer. Il est contre nature qu'il emploie cette heure-là, non à s'informer si l'arrêt est donné, mais à jouer au piquet. Ainsi il est surnaturel que l'homme, etc. C'est un appesantissement de la main de Dieu. Ainsi non seulement le zèle de ceux qui le cherchent prouve Dieu, mais l'aveuglement de ceux qui ne le cherchent pas. (Frgm. 351/163/200)

*Es gibt nur drei Arten von Menschen: Die einen dienen Gott, da sie ihn gefunden haben, die anderen bemühen sich, ihn zu suchen, da sie ihn nicht gefunden haben, und die dritten leben dahin, ohne ihn zu suchen und ohne ihn gefunden zu haben. Die ersten sind vernünftig und glücklich, die letzten sind töricht und unglücklich. Die mittleren sind unglücklich und vernünftig.**

---

* Il n'y a que trois sortes de personnes: les uns qui servent Dieu l'ayant trouvé, les autres qui s'emploient à le chercher ne l'ayant pas trouvé, les autres qui vivent sans le chercher ni l'avoir trouvé. Les premiers sont raisonnables et heureux, les derniers sont fous et malheureux. Ceux du milieu sont malheureux et raisonnables. (Frgm. 332/160/257)

… dass sie doch wenigstens anständige Menschen wären, wenn sie schon nicht Christen sein können, und dass sie endlich anerkennen, dass es nur zwei Arten von Menschen gibt, die man vernünftig nennen kann: entweder diejenigen, die Gott von ganzem Herzen dienen, weil sie ihn kennen, oder diejenigen, die ihn von ganzem Herzen suchen, weil sie ihn nicht kennen.

*Diejenigen aber, die dahinleben, ohne ihn zu erkennen und ohne ihn zu suchen, halten sich selbst ihrer eigenen Fürsorge für so unwürdig, dass sie eigentlich auch der Sorge der anderen nicht wert sind, und man muss schon die ganze Liebe dieser Religion, die sie ja eigentlich verachten, aufbringen, um nicht sie zu verachten und dabei ihrer Verrücktheit zu überlassen.**

* … qu'ils soient au moins honnêtes gens s'ils ne peuvent être chrétiens, et qu'ils reconnaissent enfin qu'il n'y a que deux sortes de personnes qu'on puisse appeler raisonnables: ou ceux qui servent Dieu de tout leur cœur parce qu'ils le connaissent, ou ceux qui le cherchent de tout leur cœur parce qu'ils ne le connaissent pas. Mais pour ceux qui vivent sans le connaître et sans le chercher, ils se jugent eux-mêmes si peu dignes de leur soin, qu'ils ne sont pas dignes du soin des autres et qu'il faut avoir toute la charité de la religion qu'ils méprisent pour ne les pas mépriser jusqu'à les abandonner dans leur folie. (Frgm. 361/427/194)

*Sicher ist es ein Unglück zu zweifeln; aber es ist auch eine unabdingbare Pflicht zu suchen, wenn man zweifelt. Und daher ist derjenige, der zweifelt und nicht sucht, sowohl unglücklich als auch ungerecht; und wenn er dann noch fröhlich und überheblich ist, so fehlen mir die Worte, um ein derart unverschämtes Geschöpf zu bezeichnen.**

---

* C'est donc un malheur que de douter, mais c'est un devoir indispensable de chercher dans le doute et ainsi celui qui doute et qui ne cherche pas, est tout ensemble malheureux et injuste; que s'il est avec cela gai et présomptueux, je n'ai point de terme pour qualifier une si extravagante créature. (Frgm. 432/194a und b)

Auf Gott wetten

eins neigt sich zum anderen (2012)

In der Frage danach, ob es Gott gebe und was er sei, kann die Vernunft positiv nichts ausrichten. Es liegt nicht in ihrer Macht, diese Fragen nach seiner Existenz und seinem Wesen so oder so definitiv zu beantworten. Die Lage bleibt ambivalent.

Aber auch wenn die Vernunft in dieser Angelegenheit keine effektive Aufklärung und Lösung leisten kann, ist sie damit doch nicht aus dem Spiel. Sie kommt zum Einsatz. Nun aber in neuer Gestalt und neuer Funktion: als vernünftige Erläuterung des Umgangs mit Wahrscheinlichkeiten und Wetteinsätzen.

Das Allermeiste in unserem Leben vollzieht sich vor einem Horizont von Selbstverständlichkeiten, die wir nicht in Frage stellen, und Wahrscheinlichkeiten, denen wir uns anvertrauen. Doch auch unsere Selbstverständlichkeiten sind Wahrscheinlichkeiten, nur eben solche, nach deren Unsicherheit wir nicht mehr fragen. Im Grunde ist unser Leben eben dies: ein Wetten, Wählen und Wagen.

Pascal, der Wahrscheinlichkeitstheoretiker, bringt die Vernunft genau hier wieder ins Spiel, wo es nichts endgültig zu beweisen gibt, aber doch das Kalkül unserer Lebenswette vernünftig analysiert und bedacht werden sollte. Die Vernunft wird nicht ausgeschlossen, sondern in Anspruch genommen. Sie leistet ihren Beitrag und ihre Arbeit. Daher muss sie auch nicht beleidigt sein, wenn sie dem Glauben spezifisch dient.

Der Mensch ist voller Bewegung. Er sucht Wege. Seine größte Sehnsucht gilt den Wegen nach Wahrheit und Glück. Das Herz ist der Inbegriff aller Bewegungen des Menschen. Sie alle kreisen um ein geheimes Grundthema: um Gott, in dem sie sich erfüllen könnten. Damit der Weg des Menschen sich nicht sinnlos im Nichts oder in ewiger Suche ohne Ende und Antwort verliert, wagt das Herz die Lebenswette. Die Vernunft berät das Herz in dieser Sache und leistet ihm gute Dienste. Sie konstatiert, dass es vernünftig und nicht gegen die Vernunft ist, dass das Herz auf Gott wettet. Sie hilft ihm mit kühler Kalkulation zu sehen, dass es sogar vernünftiger, plausibler, wenn auch in keiner Weise zwingend ist, auf Gott zu wetten. So bleibt alles gewahrt: Das Herz kann wählen und wetten, es glaubt und liebt, es wertschätzt seine Lebensalternativen, die Vernunft assistiert auf dem Feld des Wahrscheinlichen, die Freiheit ist unangetastet und lässt Raum für die Wahl der Liebe. Gott ist ein Gegenüber freier Liebe des Herzens, kein Gegenstand zwingender Beweise des Verstandes.

Wir wollen nun nach der Art natürlicher Vernunft sprechen.

*Wenn es einen Gott gibt, dann ist er unendlich unbegreiflich, denn da er weder Teile noch Grenzen besitzt, steht er in keiner Beziehung zu uns. Wir sind also unfähig zu wissen, was er ist und ob er ist. Das vorausgesetzt, wer wird es dann wagen, diese Frage zu beantworten? Gewiss nicht wir, die wir in keiner Beziehung zu ihm stehen.**

---

* Parlons maintenant selon les lumières naturelles. S'il y a un Dieu il est infiniment incompréhensible, puisque n'ayant ni parties ni bornes, il n'a nul rapport à nous. Nous sommes donc incapables de connaître ni ce qu'il est, ni s'il est. Cela étant qui osera entreprendre de résoudre cette question? ce n'est pas nous qui n'avons aucun rapport à lui. (Frgm. 455/418/233)

*Das ewige Sein ist immer, wenn es einmal ist.**

---

* L'être éternel est toujours s'il est une fois. (Frgm. 408/440/559a)

*Es ist unbegreiflich, dass es Gott gibt, und es ist auch unbegreiflich, dass es ihn nicht gibt, dass die Seele mit dem Leib existiert, dass wir überhaupt keine Seele haben, dass die Welt geschaffen wurde, dass sie es nicht ist usw., dass es die Erbsünde gibt und dass es sie nicht gibt.**

---

* Incompréhensible que Dieu soit et incompréhensible qu'il ne soit pas, que l'âme soit avec le corps, que nous n'ayons point d'âme, que le monde soit créé, qu'il ne soit pas, etc., que le péché originel soit et qu'il ne soit pas. (Frgm. 9/809/230)

*Zwischen uns und der Hölle oder dem Himmel gibt es nur das Leben mittendrin, welches die zerbrechlichste Sache der Welt ist.**

* Entre nous et l'enfer ou le ciel il n'y a que la vie entre deux qui est la chose du monde la plus fragile. (Frgm. 152/213)

Nichts ist dem Menschen so wichtig wie sein Zustand; nichts ist ihm so unheimlich wie die Ewigkeit. Und daher ist es nicht natürlich, wenn es Menschen gibt, denen der Verlust ihres Seins und die Gefahr ewigen Unglücks gleichgültig ist. In Bezug auf alle anderen Dinge verhalten sie sich ganz anders: Da fürchten sie selbst die kleinsten Kleinigkeiten, sie ängstigen sie, sie wittern sie. Und der gleiche Mensch, der die Tage und Nächte voller Wut und Verzweiflung verbringt, weil er ein Amt verloren hat oder wegen irgendeiner eingebildeten Verletzung seiner Ehre, ist derselbe Mensch, der weiß, dass er alles durch den Tod verlieren wird, ohne dass es ihn beunruhigt oder aufregt. Es ist eine ungeheuerliche Sache, im selben Herzen und zur selben Zeit diese Empfindlichkeit für die kleinsten Dinge und diese befremdliche Unempfindlichkeit für die größten zu sehen. Das sind ein unbegreiflicher Zauber und ein übernatürlicher Schlaf, die auf eine allmächtige Kraft hinweisen, welche sie hervorruft.

*Es muss schon eine fremdartige Verdrehung in der menschlichen Natur geben, sich eines solchen Zustandes zu rühmen, von dem man doch eigentlich gar nicht glauben kann, dass auch nur ein einziger Mensch darin wirklich leben könnte.**

---

* Rien n'est si important à l'homme que son état; rien ne lui est si redoutable que l'éternité. Et ainsi, qu'il se trouve des hommes indifférents à la perte de leur être et au péril d'une éternité de misères, cela n'est point naturel. Ils sont tout autres à l'égard de toutes les autres choses: ils craignent jusqu'aux plus légères, ils les prévoient, ils les sentent; et ce même homme qui passe tant de jours et de nuits dans la rage et dans le désespoir pour la perte d'une charge ou pour quelque offense imaginaire à son honneur, c'est celui-là même qui

Wir genießen es, uns in der Gesellschaft unserer Mitmenschen zu erholen, die doch genauso unglücklich und ohnmächtig sind wie wir. Sie werden uns nicht helfen: Man wird allein sterben.

*Man muss sich also so verhalten, als ob man alleine wäre. Und würde man dann prächtige Häuser bauen usw.? Man würde, ohne zu zögern, nach der Wahrheit suchen. Und wenn man das zurückweist, so zeigt man damit nur, dass man die Achtung der Menschen mehr schätzt als die Suche nach der Wahrheit.**

---

sait qu'il va tout perdre par la mort, sans inquiétude et sans émotion. C'est une chose monstrueuse de voir dans un même cœur et en même temps cette sensibilité pour les moindres choses et cette étrange insensibilité pour les plus grandes. C'est un enchantement incompréhensible, et un assoupissement surnaturel, qui marque une force toute-puissante qui le cause. Il faut qu'il y ait un étrange renversement dans la nature de l'homme pour faire gloire d'être dans cet état, dans lequel il semble incroyable qu'une seule personne puisse être. (Frgm. 361/427/194)

* Nous sommes plaisants de nous reposer dans la société de nos semblables, misérables comme nous, impuissants comme nous; ils ne nous aideront pas: on mourra seul. Il faut donc faire comme si on était seul. Et alors bâtirait-on des maisons superbes, etc. on chercherait la vérité sans hésiter. Et si on le refuse on témoigne estimer plus l'estime des hommes que la recherche de la vérité. (Frgm. 348/151/211)

*Zweifellos gibt es ohne die Erkenntnis Gottes kein wahres Glück; je näher man ihm kommt, desto glücklicher ist man. Und das tiefste Glück ist es, ihn mit Gewissheit zu erkennen. Je mehr man sich von ihm entfernt, desto unglücklicher ist man. Und es wäre das äußerste Unglück, mit Gewissheit dieses Gegenteil zu erkennen.**

---

* Il est sans doute qu'il n'y a point de bien sans la connaissance de Dieu; qu'à mesure qu'on en approche on est heureux et que le dernier bonheur est de le connaître avec certitude; qu'à mesure qu'on s'en éloigne on est malheureux et que le dernier malheur serait la certitude du contraire. (Frgm. 325/432/194a und b)

Wer wird also den Christen vorwerfen wollen, dass sie ihren Glauben nicht beweisen können, ihnen, die sich ja zu einer Religion bekennen, die sie nicht beweisen können. Sie erklären doch gerade, wenn sie sie der Welt darlegen, dass sie eine Narrheit ist: stultitiam *(Torheit). Und ihr beklagt euch dann, dass sie sie euch nicht beweisen. Würden sie sie beweisen, hielten sie nicht Wort. Genau, weil es ihnen an einem Beweis fehlt, fehlt es ihnen nicht an Verständnis. Ja, aber wenn es auch die entschuldigt, die sie so darlegen, und sie von dem Vorwurf befreit, dass sie sie ohne Begründung präsentieren, so entschuldigt dies nicht diejenigen, die sie empfangen. Lasst uns nun diesen Punkt untersuchen. Und sagen wir also: Gott ist, oder er ist nicht. Aber zu welcher Seite werden wir uns hinbewegen? Die Vernunft kann hier nichts entscheiden. Ein unendliches Chaos trennt uns davon. Man spielt ein Spiel auf die äußerste Grenze dieser unendlichen Entfernung hin, wo entweder Kopf oder Zahl auftauchen werden. Was werdet ihr erhalten? Mit der Vernunft könnt ihr weder das eine noch das andere herbeiführen; mit der Vernunft könnt ihr keines von beiden verwerfen.**

---

* Qui blâmera donc les chrétiens de ne pouvoir rendre raison de leur créance, eux qui professent une religion dont ils ne peuvent rendre raison; ils déclarent en l'exposant au monde que c'est une sottise, *stultitiam,* et puis vous vous plaignez de ce qu'ils ne la prouvent pas. S'ils la prouvaient ils ne tiendraient pas parole. C'est en manquant de preuve qu'ils ne manquent pas de sens. Oui mais encore que cela excuse ceux qui l'offrent telle, et que cela les ôte du blâme de la produire sans raison cela n'excuse pas ceux qui la reçoivent. Examinons donc ce point. Et disons: Dieu est ou il n'est pas; mais de quel côté pencherons-nous? la raison n'y peut rien déterminer. Il y a un chaos infini qui nous sépare. Il se joue un jeu

Werft also jenen, die eine Wahl getroffen haben, keinen Fehler vor; denn ihr habt in dieser Angelegenheit ja kein Wissen. Nein, ich werde sie nicht tadeln, dass sie diese Wahl, sondern dass sie überhaupt eine Wahl getroffen haben; denn sowohl der eine, der Kopf gewählt hat, als auch der andere, der Zahl nahm, liegen falsch, beide begehen einen Fehler. Richtig ist es nämlich, überhaupt nicht zu wetten.

*Ja, aber man muss wetten. Das steht euch nicht frei: Ihr seid nämlich bereits an Bord (des Lebensschiffs) gebracht. Wofür werdet ihr euch also entscheiden? Lasst uns sehen: Da man ja wählen muss, wollen wir prüfen, was am wenigsten in eurem Interesse liegt. Ihr habt zwei Dinge zu verlieren: das Wahre und das Gute, und zwei Dinge ins Spiel zu bringen: eure Vernunft und euren Willen, eure Erkenntnis und eure Glückseligkeit. Und eure Natur muss zwei Dinge meiden: den Irrtum und das Unglück. Eure Vernunft wird nicht übermäßig verletzt, da man ja notwendigerweise wählen muss, indem man das eine dem anderen vorzieht. Dieser Punkt ist klar. Aber wie steht es um eure Glückseligkeit? Lassen sie uns Gewinn und Verlust abwägen, indem wir Kopf dafür nehmen, dass Gott existiert. Schätzen wir nun diese beiden Fälle ein: Wenn ihr gewinnt, so gewinnt ihr alles, und wenn ihr verliert, so verliert ihr nichts. Wettet also, ohne zu zögern, dass er ist.**

à l'extrémité de cette distance infinie, où il arrivera croix ou pile. Que gagerez-vous? par raison vous ne pouvez faire ni l'un ni l'autre; par raison vous ne pouvez défaire nul des deux. (Frgm. 455/418/233)

* Ne blâmez donc pas de fausseté ceux qui ont pris un choix, car vous n'en savez rien. Non, mais je les blâmerai d'avoir fait non ce choix, mais un choix, car encore que celui qui prend croix et l'autre soient en pareille faute ils sont tous deux en faute; le juste est de ne point parier.

Was kann euch schon passieren, wenn ihr diese Entscheidung trefft? Ihr werdet gläubig, rechtschaffen, bescheiden, wohltätig, ein aufrichtiger, echter Freund sein … In Wahrheit werdet ihr ohne verpestete Freuden sein, ohne Ruhm und Vergnügungen, doch werdet ihr dafür nicht andere Freuden erhalten?

*Ich sage euch, daß ihr dabei in diesem Leben gewinnen werdet und daß ihr bei jedem Schritt, den ihr auf diesem Weg macht, die ganze Sicherheit des Gewinns und die ganze Nichtigkeit dessen, was ihr wagt, sehen werdet, bis ihr am Ende erkennt, dass ihr auf etwas Gewisses und Unendliches gewettet habt, wofür ihr im Grunde nichts aufgegeben habt.**

Oui, mais il faut parier. Cela n'est pas volontaire, vous êtes embarqués. Lequel prendrez-vous donc? Voyons; puisqu'il faut choisir voyons ce qui vous intéresse le moins. Vous avez deux choses à perdre: le vrai et le bien, et deux choses à engager: votre raison et votre volonté, votre connaissance et votre béatitude, et votre nature deux choses à fuir: l'erreur et la misère. Votre raison n'est pas plus blessée puisqu'il faut nécessairement choisir, en choisissant l'un que l'autre. Voilà un point vidé. Mais votre béatitude? Pesons le gain et la perte en prenant croix que Dieu est. Estimons ces deux cas: si vous gagnez vous gagnez tout, et si vous perdez vous ne perdez rien: gagez donc qu'il est sans hésiter. (Frgm. 455/418/233)
* Or quel mal vous arrivera(-t-)il en prenant ce parti? Vous serez fidèle, honnête, humble reconnaissant, bienfaisant, ami sincère, véritable … A la vérité vous ne serez point dans les plaisirs empestés, dans la gloire, dans les délices, mais n'en aurez-vous point d'autres? Je vous dis que vous y gagnerez en cette vie, et que à chaque pas que vous ferez dans ce chemin, vous verrez tant de certitude de gain, et tant de néant de ce que vous hasardez, que vous connaîtrez à la fin que vous avez parié pour une chose certaine, infinie, pour laquelle vous n'avez rien donné. (Frgm. 455/418/233)

An Gott glauben –
Die wahre Religion

der tanz beginnt (2021)

Nichts auf der Welt, nicht der gesunde Menschenverstand, keine Philosophie und keine Religion besitzen einen Deutungsschlüssel, um das sonderbare Wesen Mensch in seiner eigenartigen Lage zu verstehen. Hier gibt es nur Halbwahrheiten. Und nichts und niemand haben einen Lösungsschlüssel, um den Menschen zu heilen. Einzig das Christentum ist hiervon ausgenommen. Warum ist Pascal dieser Ansicht?

Pascal analysiert die Lage des Menschen wie ein nüchterner Arzt. Zeichnen wir diese Analyse mit groben Strichen nach.

Die Diagnose: Der Mensch ist ein Glücksjäger und Wahrheitssucher, der sich in den hierbei aufscheinenden Widersprüchen hoffnungslos verirrt und ohne Erfolg bleibt. – Das Christentum beschreibt die zweifachzwiespältige Lage des Menschen genau so.

Die Pathogenese: Der Mensch wirkt wie ein entthronter König, es schwingt in ihm das Motiv des *paradise lost*. Er verhält sich wie jemand, der dies hatte und sich danach sehnt, auch wenn nur noch eine leere Spur in ihm davon zeugt. – Das Christentum deutet die Situation genau so.

Das Therapieziel: Aus eigener Macht findet der Mensch nur Glückssurrogate und Glückssimulationen, die ihn nicht befriedigen. Er ist eine so große Frage, dass nur ein Gott sie beantworten kann. Das Ziel all seiner Bewegungen, seines ganzen Herzens, so sehr es ihm undurchsichtig ist, ist eine vollkommene Antwort: Gott. – Das Christentum sieht es genau so.

Der Therapieweg: Die Wege des Menschen sind verzweifelte Irrtümer, fehlgeschlagene Selbstheilungsversuche, Aufschreie und Betäubungen, Salzwasserlogik, nichts, was wirklich hilft. Es braucht ein Heilmittel, das die Wunde schließt. – Das Christentum beschreibt es so und bietet ein Heilmittel, in dem sich die gesamte Lage des Menschen konzentriert, wiederholt und löst. Dieses Heilmittel ist Jesus Christus. Er ist die heilende Antwort auf die große Frage, die der Mensch ist. Die Wette führt zu ihm hin. Sie bewegt zum Glauben und öffnet für ihn. Wetten heißt aber nicht: glauben. Dass das Herz eine heilvolle Beziehung zu Christus findet, also an ihn glaubt, ist ein Geschehen, das nicht möglich ist, ohne dass der Mensch sich hingibt und ohne dass Gott der Bewegung des Menschen hilfreich entgegenkommt.

Wenn der Mensch nicht auf Gott hin geschaffen ist, warum ist er dann nicht glücklich außer in Gott?

*Wenn der Mensch auf Gott hin geschaffen ist, warum steht er dann so sehr in Widerspruch zu Gott?**

***

*Die wahre Religion sollte Größe und Elend lehren, Selbstachtung und Selbstverachtung beibringen, zu Liebe und Hass anleiten.***

***

Das Kennzeichen der wahren Religion muss es sein, dass sie dazu verpflichtet, ihren Gott zu lieben. Das ist ganz richtig so, und während es keine andere befohlen hat, hat es doch die unsrige getan.

Sie muss außerdem die Begierde und die Ohnmacht verstanden haben; die unsere hat es getan.

*Sie muss hierfür auch Heilmittel bereitgestellt haben, wovon eines das Gebet ist. Keine Religion sonst hat im Blick auf Gott verlangt, ihn zu lieben und ihm zu folgen.****

---

* Si l'homme n'est fait pour Dieu pourquoi n'est-il heureux qu'en Dieu. Si l'homme est fait pour Dieu pourquoi est-il si contraire à Dieu. (Frgm. 327/399/438)

** Il faudrait que la véritable religion enseignât la grandeur, la misère, portât à l'estime et au mépris de soi, à l'amour et à la haine. (Frgm. 370/450/494)

*** La vraie religion doit avoir pour marque d'obliger à aimer son Dieu. Cela est bien juste et cependant aucune ne l'a ordonné, la nôtre l'a fait. Elle doit encore avoir connu la concupiscence et l'impuissance, la nôtre l'a fait. Elle doit y avoir apporté des remèdes, l'un est la prière. Nulle religion n'a demandé à Dieu de l'aimer et de le suivre. (Frgm. 372/214/491)

*Nachdem man die ganze Natur des Menschen erfasst hat, muss eine Religion, um wahr zu sein, unsere Natur tatsächlich verstehen. Sie muss die Größe und die Niedrigkeit und den Grund von beidem durchschaut haben. Wer hat das besser verstanden als die christliche Religion?**

***

Größe und Elend des Menschen sind so offensichtlich, dass die wahre Religion uns unbedingt lehren muss, dass es ein umfassendes Prinzip für die Größe im Menschen gibt und dass es ein umfassendes Prinzip für das Elend gibt.

Sie muss uns auch die Gründe für diese erstaunlichen Gegensätze verständlich machen.

Um den Menschen glücklich zu machen, muss sie ihm zeigen, dass es einen Gott gibt, dass wir verpflichtet sind, ihn zu lieben, dass unser wahres Glück darin besteht, in ihm zu sein, und unser einziges Übel darin, von ihm getrennt zu sein. Sie muss zeigen, dass wir voller Finsternis sind, die uns daran hindert, ihn zu erkennen und zu lieben, und dass wir also voller Ungerechtigkeit sind, weil unsere Pflichten uns verpflichten, Gott zu lieben, aber unsere Begierden uns davon abhalten. Sie muss uns den Grund für diese Widersprüchlichkeit aufdecken, in der wir zu Gott und zu unserem eigenen Glück stehen. Sie muss uns die Heilmittel gegen diese Unfähigkeit lehren und die Wege, um diese Heilmittel zu erlangen. Man möge in dieser Hinsicht alle Religionen

* Après avoir entendu toute la nature de l'homme il faut pour faire qu'une religion soit vraie qu'elle ait connu notre nature. Elle doit avoir connu la grandeur et la petitesse et la raison de l'une et de l'autre. Qui l'a connue que la chrétienne? (Frgm. 373/215/433)

*der Welt untersuchen und man sehe zu, ob es eine andere als die christliche gibt, die all diesen Anforderungen genügt.**

---

* Les grandeurs et les misères de l'homme sont tellement visibles qu'il faut nécessairement que la véritable religion nous enseigne et qu'il y a quelque grand principe de grandeur en l'homme et qu'il y a un grand principe de misère. Il faut encore qu'elle nous rende raison de ces étonnantes contrariétés. Il faut que pour rendre l'homme heureux elle lui montre qu'il y a un Dieu, qu'on est obligé de l'aimer, que notre vraie félicité est d'être en lui, et notre unique mal d'être séparé de lui, qu'elle reconnaisse que nous sommes pleins de ténèbres qui nous empêchent de le connaître et de l'aimer, et qu'ainsi nos devoirs nous obligeant d'aimer Dieu et nos concupiscences nous en détournant nous sommes pleins d'injustice. Il faut qu'elle nous rende raison de ces oppositions que nous avons à Dieu et à notre propre bien. Il faut qu'elle nous enseigne les remèdes à ces impuissances et les moyens d'obtenir ces remèdes. Qu'on examine sur cela toutes les religions du monde et qu'on voie s'il y en a une autre que la chrétienne qui y satisfasse. (Frgm: 382/149/430)

Es gibt drei Wege zu glauben: Vernunft, Gewohnheit und Inspiration. Die christliche Religion, die hier allein die Einsicht besitzt, lässt diejenigen, die ohne Eingebung glauben, nicht als ihre wahren Kinder gelten. Es ist nicht so, dass sie die Vernunft und die Gewohnheit ausschließen würde, ganz im Gegenteil. Man soll ja seinen Geist für die Beweise öffnen, sich darin durch Gewohnheit festigen, doch den Eingebungen muss man sich auf den Wegen der Demut annähern, die allein die wahre und heilsame Wirkung hervorbringen können, damit das Kreuz Christi nicht zunichte werde *(Paulus im 1. Kor. 1,17).**

---

* Il y a trois moyens de croire: la raison, la coutume, (l')inspiration. La religion chrétienne qui seule a la raison n'admet point pour ses vrais enfants ceux qui croient sans inspiration. Ce n'est pas qu'elle exclue la raison et la coutume, au contraire; mais il faut ouvrir son esprit aux preuves, s'y confirmer par la coutume, mais s'offrir par les humiliations aux inspirations, qui seules peuvent faire le vrai et salutaire effet, *ne evacuetur crux Christi.* (Frgm. 473/808/245)

Ergebung.

Man muss wissen, wann zu zweifeln nötig ist, sich überzeugen, wo erforderlich, und sich unterwerfen, wenn angebracht. Wer nicht so handelt, versteht nicht die Wirkweise der Vernunft. Es gibt einige, die gegen diese drei Prinzipien verstoßen, indem sie entweder alles als beweisbar behaupten, da sie sich nicht mit der Beweisführung auskennen, oder die, die alles anzweifeln, weil es ihnen an Kenntnis mangelt, wann man sich unterwerfen muss, oder auch solche, die sich allem unterwerfen, weil sie nicht wissen, wo man urteilen muss.

*Pyrrhoniker, Geometer, Christ: Zweifel, Gewissheit, Ergebung.**

---

* Soumission. Il faut savoir douter où il faut, assurer où il faut, en se soumettant où il faut. Qui ne fait ainsi n'entend pas la force de la raison. Il y (en) a qui faillent contre ces trois principes, ou en assurant tout comme démonstratif, manque de se connaître en démonstration, ou en doutant de tout, manque de savoir où il faut se soumettre, ou en se soumettant en tout, manque de savoir où il faut juger. Pyrrhonien, géomètre, chrétien: doute, assurance, soumission. (Frgm. 459/170/268)

Wenn wir alles der Vernunft unterwerfen, wird unsere Religion nichts Geheimnisvolles und Übernatürliches mehr haben.

*Wenn wir aber gegen die Grundsätze der Vernunft verstoßen, wird unsere Religion absurd und lächerlich wirken.**

***

*Unterwerfung und Gebrauch der Vernunft: Darin besteht das wahre Christentum.***

***

Die metaphysischen Gottesbeweise sind so weit entfernt vom menschlichen Denken und so verwickelt, dass sie wenig Wirkung entfalten, und selbst wenn es einigen doch nützen würde, dann nur für jenen Augenblick, in dem sie diesen Beweis vor Augen haben; eine Stunde später aber fürchten sie, dass sie sich getäuscht haben. …

Das bewirkt eine Gotteserkenntnis, die ohne Jesus Christus zustande kommt, weil man ohne Vermittler kommuniziert, mit einem Gott, den man ohne Vermittler ermittelt hat.

*Stattdessen verstehen die, die Gott durch diesen Mittler kennengelernt haben, auch ihr eigenes Unglück.****

---

* Si on soumet tout à la raison notre religion n'aura rien de mystérieux et de surnaturel. Si on choque les principes de la raison notre religion sera absurde et ridicule. (Frgm. 460/173/273)

** Soumission et usage de la raison: en quoi consiste le vrai christianisme. (Frgm. 458/167/229)

*** Les preuves de Dieu métaphysiques sont si éloignées du raisonnement des hommes et si impliquées, qu'elles frappent peu et quand cela servirait à quelques-unes, cela ne servirait que pendant l'instant

*Der Glaube ist eine Gabe Gottes. Denkt nicht, wir sagen, er sei ein Geschenk des Nachdenkens. Die anderen Religionen sagen das nicht über ihren Glauben. Sie bieten nur Überlegungen an, um zu ihm zu gelangen, die jedoch auf gar keinen Fall zu ihm führen.**

***

*Es ist das Herz, das Gott spürt, nicht der Verstand. Das ist es, was den Glauben ausmacht: Gott wahrnehmbar dem Herzen, nicht dem Verstand.***

***

*Und deshalb sind diejenigen, denen Gott die Religion mit dem Empfinden des Herzens geschenkt hat, wirklich glücklich und zu Recht von ihr überzeugt; denen aber, die dies nicht haben, können wir sie nur durch Vernunft geben, bis Gott sie ihnen aus dem Empfinden des Herzens geben wird, ohne welches der Glaube nur menschlich und unbrauchbar für die wahre Erlösung ist.****

---

qu'ils voient cette démonstration, mais une heure après ils craignent de s'être trompés. … C'est ce que produit la connaissance de Dieu qui se tire sans J.-C. qui est de communiquer sans médiateur, avec le Dieu qu'on a connu sans médiateur. Au lieu que ceux qui ont connu Dieu par médiateur connaissent leur misère. (Frgm. 391/190/543)

* La foi est un don de Dieu. Ne croyez pas que nous disions que c'est un don de raisonnement. Les autres religions ne disent pas cela de leur foi. Elles ne donnaient que le raisonnement pour y arriver, qui n'y mène pas néanmoins. (Frgm. 471/588/279)

** C'est le cœur qui sent Dieu et non la raison. Voilà ce que c'est que la foi. Dieu sensible au cœur, non à la raison. (Frgm. 37/424/278)

*** Et c'est pourquoi ceux à qui Dieu a donné la religion par sentiment de cœur sont bienheureux et bien légitimement persuadés,

*Der Gott Abrahams, der Gott Isaaks und der Gott Jakobs, nicht der Philosophen und der Gelehrten.**

***

*Der Gott der Christen ist nicht einfach ein Gott, der lediglich der Urheber mathematischer Wahrheiten und der Ordnung der Elemente wäre; das ist der Fokus der Heiden und der Philosophen. Er ist nicht einfach ein Gott, der seine Vorsehung über das Leben und die Güter der Menschen ausübt, um denjenigen, die ihn anbeten, eine glückliche Reihe von Jahren zu bescheren; das ist die Sicht der Juden. Der Gott Abrahams, der Gott Isaaks, der Gott Jakobs aber, der Gott der Christen, ist ein Gott der Liebe und des Trostes; er ist ein Gott, der die Seele und das Herz derer ausfüllt, die zu ihm gehören; er ist ein Gott, der sie innerlich ihr Elend und seine unendliche Barmherzigkeit spüren lässt; einer, der sich mit dem Innersten ihrer Seele vereint; der sie mit Demut, mit Freude, mit Zuversicht und mit Liebe erfüllt; der sie unfähig macht, ein anderes Ziel zu haben als allein ihn selbst.***

---

mais ceux qui ne l'ont pas nous ne pouvons la donner que par raisonnement, en attendant que Dieu la leur donne par sentiment de cœur, sans quoi la foi n'est qu'humaine et inutile pour le salut. (Frgm. 34/110/282)

* Dieu d'Abraham, Dieu d'Isaac, Dieu de Jacob, non des philosophes et des savants. (Frgm. 500/913; das erste Fragment hier aus der Ausgabe von Zwierlein, das zweite aus der von Lafuma.)

** Le Dieu des chrétiens ne consiste pas en un Dieu simplement auteur des vérités géométriques et de l'ordre des éléments; c'est la part des païens et des épicuriens. Il ne consiste pas seulement en un Dieu qui exerce sa providence sur la vie et sur les biens des hommes,

*Die christliche Religion besteht aus zwei Punkten. Es ist für die Menschen gleichermaßen wichtig, sie zu kennen, und es ist ebenso gefährlich, sie nicht zu kennen; und es verdankt sich zugleich Gottes Barmherzigkeit, dass er Spuren und Hinweise für beide gegeben hat. … Sie verkündet also allen Menschen gemeinsam diese beiden Wahrheiten: dass es nämlich einen Gott gibt, dessen die Menschen erkenntnisfähig sind, und dass es eine Verderbtheit in der Natur gibt, die sie seiner unwürdig macht. Es ist für die Menschen gleichermaßen wichtig, um das eine wie das andere zu wissen; und es ist für den Menschen gleichermaßen gefährlich, Gott zu erkennen, ohne sein eigenes Elend zu sehen, wie sein eigenes Elend zu erblicken, ohne den Erlöser zu erkennen, der ihn hiervon heilen kann. Eine einzige dieser Einsichten allein führt entweder zum Hochmut der Philosophen, die Gott, aber nicht ihr Elend erkannt haben, oder zur Verzweiflung der Atheisten, die ihr Elend ohne den Erlöser erkennen.**

---

pour donner une heureuse suite d'années à ceux qui l'adorent; c'est la portion des Juifs. Mais le Dieu d'Abraham, le Dieu d'Isaac, le Dieu de Jacob, le Dieu des chrétiens, est un Dieu d'amour et de consolation; c'est un Dieu qui remplit l'âme et le cœur de ceux qu'il possède; c'est un Dieu qui leur fait sentir intérieurement leur misère, et sa miséricorde infinie; qui s'unit au fond de leur âme; qui la remplit d'humilité, de joie, de confiance, d'amour; qui les rend incapables d'autre fin que de lui-même. (Frgm. 381/449/556)

* La religion chrétienne consiste en deux points; il importe également aux hommes de les connaître et il est également dangereux de les ignorer; et il est également de la miséricorde de Dieu d'avoir donné des marques des deux. … Elle enseigne donc ensemble aux hommes ces deux vérités: et qu'il y a un Dieu, dont les hommes

Und so, wie es zugleich auch für den Menschen notwendig ist, diese beiden Punkte zu kennen, so ist es auch durch die Barmherzigkeit Gottes ebenso notwendig, dass er uns diese beiden Punkte bekannt gemacht hat. Die christliche Religion tut eben dies, genau darin besteht sie.

Man untersuche daraufhin die Ordnung der Welt und sehe, ob nicht alle Dinge auf die Feststellung der beiden Grundelemente dieser Religion ausgerichtet sind: auf Jesus Christus, der Sinn und Ziel von allem ist und der der Mittelpunkt ist, zu dem alles hinstrebt. Wer ihn erkennt, erkennt den wahren Grund aller Dinge.

*Diejenigen, die vom Weg abkommen, kommen nur von ihm ab, weil sie einen dieser beiden Punkte nicht sehen. Man kann also durchaus Gott ohne sein eigenes Elend und sein eigenes Elend ohne Gott erkennen; aber man kann Jesus Christus nicht erkennen, ohne alles zusammen zu erkennen: sowohl Gott als auch sein eigenes Elend.**

***

---

sont capables, et qu'il y a une corruption dans la nature, qui les en rend indignes. Il importe également aux hommes de connaître l'un et l'autre de ces points; et il est également dangereux à l'homme de connaître Dieu sans connaître sa misère, et de connaître sa misère sans connaître le Rédempteur qui l'en peut guérir. Une seule de ces connaissances fait, ou la superbe des philosophes, qui ont connu Dieu et non leur misère, ou le désespoir des athées, qui connaissent leur misère sans Rédempteur. (Frgm. 381/449/556)

* Et ainsi, comme il est également de la nécessité de l'homme de connaître ces deux points, il est aussi également de la miséricorde de Dieu de nous les avoir fait connaître. La religion chrétienne le fait, c'est en cela qu'elle consiste. Qu'on examine l'ordre du monde sur

Die Erkenntnis Gottes ohne die Kenntnis des eigenen Elends führt zu Stolz.

Die Kenntnis des eigenen Elends ohne die Erkenntnis Gottes führt zur Verzweiflung.

*Die Erkenntnis Jesu Christi ist die Mitte, weil wir in ihr sowohl Gott als auch unser Elend antreffen.**

---

cela, et qu'on voie si toutes choses ne tendent pas à l'établissement des deux chefs de cette religion: Jésus-Christ est l'objet de tout, et le centre où tout tend. Qui le connaît connaît la raison de toutes choses. Ceux qui s'égarent ne s'égarent que manque de voir une de ces deux choses. On peut donc bien connaître Dieu sans sa misère, et sa misère sans Dieu; mais on ne peut connaître Jésus-Christ sans connaître tout ensemble et Dieu et sa misère. (Frgm. 381/449/556)

* La connaissance de Dieu sans celle de sa misère fait l'orgueil. La connaissance de sa misère sans celle de Dieu fait le désespoir. La connaissance de J.-C. fait le milieu parce que nous y trouvons, et Dieu et notre misère. (Frgm. 423/192/527)

Wir erkennen nicht nur Gott allein durch Jesus Christus, sondern wir erkennen auch uns selbst nur durch Jesus Christus. Wir verstehen das Leben und den Tod erst durch Jesus Christus. Außerhalb von Christus begreifen wir weder unser Leben noch unseren Tod, weder Gott noch uns selbst.

*So wissen wir ohne die Heilige Schrift, die nur Jesus Christus zum Gegenstand hat, nichts und sehen nur Dunkel und Durcheinander im Wesen Gottes und in unserer eigenen Natur.**

***

Das Elend verleitet zu Verzweiflung.

Der Stolz verführt zu Überheblichkeit.

*Die Menschwerdung Christi zeigt dem Menschen die Größe seines Elends durch die Größe des Heilmittels, dessen es bedurfte.***

---

* Non seulement nous ne connaissons Dieu que par Jésus-Christ mais nous ne nous connaissons nous-mêmes que par J.-C.; nous ne connaissons la vie, la mort que par Jésus-Christ. Hors de J.-C. nous ne savons ce que c'est ni que notre vie, ni que notre mort, ni que Dieu, ni que nous-mêmes. Ainsi sans l'Écriture qui n'a que J.-C. pour objet nous ne connaissons rien et ne voyons qu'obscurité et confusion dans la nature de Dieu et dans la propre nature. (Frgm. 431/417/548)

** La misère persuade le désespoir. L'orgueil persuade la présomption. L'incarnation montre à l'homme la grandeur de sa misère par la grandeur du remède qu'il a fallu. (Frgm. 422/352/526)

*Es ist nicht nur unmöglich, sondern auch nutzlos, Gott ohne Jesus Christus zu erkennen.**

***

*Sei getrost! Du würdest mich gar nicht suchen, wenn du mich nicht bereits gefunden hättest.***

***

*Es ist gut, entnervt und erschöpft von der unnützen Suche nach dem wahren Gut zu sein, um dann endlich die Arme seinem Befreier entgegenzustrecken.****

***

*Seid getrost! Es kommt nicht darauf an, dass ihr etwas von euch selbst erwarten müsst. Ganz im Gegenteil: Indem ihr nichts von euch selbst erwartet, müsst ihr es empfangen.*****

***

*Jesus Christus ist ein Gott, dem man sich ohne Stolz nähert und dem man sich ohne Verzweiflung beugt und zu Füßen setzt.******

---

* Il est non seulement impossible mais inutile de connaître Dieu sans J.-C. (Frgm. 420/191/549)

** Console-toi. Tu ne me chercherais pas si tu ne m'avais trouvé. (Frgm. 442/919/553 und 791)

*** Il est bon d'être lassé et fatigué par l'inutile recherche du vrai bien, afin de tendre les bras au Libérateur. (Frgm. 479/631/422)

**** Consolez-vous; ce n'est point de vous que vous devez l'attendre, mais au contraire en n'attendant rien de vous que vous devez l'attendre. (Frgm. 480/202/517)

***** J.-C. est un Dieu dont on s'approche sans orgueil et sous lequel on s'abaisse sans désespoir. (Frgm. 443/212/528)

Biographischer Abriss und Zeittafel

1623 Pascal wird am 19. Juni als Sohn des Finanzbeamten Etienne Pascal und seiner Frau Antoinette in Clermont (Auvergne) geboren. Er ist ihr zweites Kind nach seiner drei Jahre älteren Schwester Gilberte, die seine erste Biographin und Nachlassverwalterin wird.

1626 Tod der Mutter Antoinette Pascal nach der Geburt der zweiten Tochter Jacqueline.

1631 Die Familie zieht nach Paris. Der Vater will dem hochbegabten Kind bessere Möglichkeiten der Entfaltung eröffnen. Er selbst wird Mitglied im berühmten Wissenschaftskreis um Pater Mersenne.

1639/40 Der Sechzehnjährige verfasst und präsentiert als erste Arbeit eine *Kleine Abhandlung über Kegelschnitte.*

1642 Pascal beginnt, eine Rechenmaschine, die »Pascaline«, zur Unterstützung der steuerlichen Amtsgeschäfte seines Vaters zu entwickeln. Über die nächsten zehn Jahre hinweg wird er an der Rechenmaschine weiterarbeiten.

1645 Pascal publiziert den Widmungsbrief für die von ihm erfundene Rechenmaschine.

1646 Pascal wiederholt in Rouen das Experiment Evangelista Toricellis zum luftleeren Raum.

1647 Im September erkrankt Pascal in Paris; es kommt in dieser Zeit zu zwei Unterredungen mit René Descartes.

1647 Nach einer schweren Krankheit besucht Pascal mit seiner Schwester das Kloster Port-Royal des Champs.

Pascal publiziert seine *Neuen Experimente über die Leere* und redigiert seine *Vorrede zur Abhandlung über die Leere*.

1648 Pascal schreibt einen Essay *Erzeugung der Kegelschnitte* (verlorengegangen; Gottfried Wilhelm Leibniz hat eine Abschrift des Essays benutzt).

Pascal und sein Schwager Florin Périer führen in Puy-de-Dôme und Paris Experimente zur Unterstützung der Thesen Torricellis aus.

Pascal veröffentlicht den *Bericht über das große Experiment des Gleichgewichtes der Flüssigkeiten*.

1649 Pascal setzt seine Arbeiten an der Rechenmaschine fort.

1651 Tod des Vaters Étienne Pascal.

Pascal schreibt an seiner *Abhandlung über die Leere* (teilweise postum publiziert).

1652 In seinem *Brief an die Königin Christina von Schweden* erläutert Pascal seine Lehre von den drei Ordnungen der Wirklichkeit.

1653 Der Streit um den Jansenismus entbrennt.

Pascal verfasst die beiden Arbeiten *Abhandlung über das Gleichgewicht der Flüssigkeiten* und *Abhandlung über die Schwere der Luftmasse* (beide postum 1663).

1654 Es entsteht die *Abhandlung über das arithmetische Dreieck* (postum 1665) und eine *Denkschrift an die berühmte Pariser Akademie der Wissenschaft,* in der Pascal seine Theorie der Wahrscheinlichkeitsrechnung ankündigt.

In der Nacht des 23. November hat Pascal ein mystisches Erlebnis der Gegenwart Gottes, das er in einem *Mémorial* für sich festhält. Das von ihm in seinen Rock eingenähte Schriftstück wird zufällig nach seinem Tod entdeckt.

1655 Wahrscheinliches Entstehungsdatum des *Gespräch mit Herrn von Saci über Epiktet und Montaigne*, wohl auch von: *Schrift über die Bekehrung des Sünders; Das Geheimnis Jesu; Kurze Beschreibung des Lebens Jesu Christi.*

1656–57 In seiner Auseinandersetzung mit den Jesuiten und die Verteidigung des Jansenismus verfasst Pascal die *Briefe in die Provinz.* Sie werden am 6. September 1657 indiziert.

ab 1656 Pascal beginnt mit der Niederschrift einer Apologie des christlichen Glaubens, die postum als *Pensées (Gedanken)* veröffentlicht wird.

1657 Pascal verfasst seine *Schriften über die Gnade* (1779 erstmalig erschienen).

Verdammung der »fünf Sätze« des Jansenismus.

1658 Publikation des *Ersten Rundbriefs bezüglich der Zykloide.*

Wahrscheinlich entstehen zu dieser Zeit auch *Die Kunst zu überzeugen* und *Vom geometrischen Geist.*

1658–1660 Es entstehen das *Gebet zu Gott um den guten Gebrauch der Krankheiten* und die *Drei Abhandlungen über die Stellung der Großen.*

1659 Pascal schreibt an Christiaan Huygens den *Brief über die Dimension der gekrümmten Linien aller Rollkurven.*

1661 Port-Royal wird aufgefordert, sich dem Verdammungsurteil des Jansenismus zu unterwerfen. Pascal verfasst eine *Denkschrift über die Unterzeichnung des Formulars*, zieht sich aber schließlich von allen Auseinandersetzungen zurück.

1662 Pascal erhält das Patent für das öffentliche und gemeinnützige Transportunternehmen *Pferdekutschen für fünf Groschen*, des Vorläufers der Pariser Omnibuslinie, welche am 18. März 1662 eröffnet wird. Als Unternehmer wollte Pascal mit den Pferdekutschen, *de facto* das erste öffentliche Nahverkehrssystem der Welt, den Armen ein preisgünstiges Transportmittel zur Verfügung stellen.

Am 19. August, ein Uhr morgens, stirbt Blaise Pascal.

1670 Die erste Ausgabe der *Pensées* erscheint.

Literaturhinweise

In den folgenden Veröffentlichungen des Herausgebers finden Sie Vertiefungen zum Werk Pascals sowie viele weiterführende Literaturangaben

Zwierlein, E. (Hrsg.), Pascal, ausgewählt und vorgestellt von E. Zwierlein. München 1997

Zwierlein, E., Pascals »Pensées«. Auswahl nach dem Plan der Apologie. Suhrkamp Studienbibliothek mit einem Kommentar von E. Zwierlein. Berlin 2012

Zwierlein, E. (Hrsg.), Blaise Pascal, Briefe I. Die private Korrespondenz. Herausgegeben und mit Anmerkungen von E. Zwierlein. Berlin 2015

Zwierlein, E., Blaise Pascal zur Einführung. Hamburg 1996

ders., Existenz und Vernunft. Studien zu Pascal, Descartes und Nietzsche. Würzburg 2001.

ders., Inwiefern an Gott zu glauben vernünftig ist – Zu Blaise Pascals »Wette« und Robert Spaemanns »Beweis«. In: *H.-G. Nissing* (Hrsg.), Vernunft und Glaube, München 2008, 83–98.

ders., Blaise Pascal. In: H. Reinalter, A. Oberprantacher (Hrsg.), Außenseiter der Philosophie. Würzburg 2012, S. 59–81.

ders., Pascal und die Vernunft des Herzens. In: P. Nickel, A. Verrone (Hrsg.), Wie viel Vernunft braucht der Mensch. Texte zum 3. Festival der Philosophie. Berlin 2015, 39–50.

ders., Essais und Pensées – Pascal als kritischer Leser Montaignes auf der Suche nach einer überzeugenden

Methode. In: U. Bardt, W. Moskopp, T. Massing (Hrsg.), Lebensgefühl und Lebensform in der Postmoderne und Zukunft. Freundschaftsgabe für Rudolf Lüthe. LIT: Berlin 2018, 49–69.

Herausgeber und Künstlerin

Eduard Zwierlein hat Philosophie, Psychologie und Theologie an der Universität Hamburg studiert. Während der Promotionszeit hat er zusätzlich ein Teilzeit-Studium in Informatik sowie eine psychotherapeutische Ausbildung absolviert. Von 1990–1995 war er Gast- und Forschungsprofessor an der Universität Kaiserslautern in Verbindung mit dem Deutschen Forschungsinstitut für Künstliche Intelligenz. Er ist außerplanmäßiger Professor emer. für Philosophie an der Universität Koblenz-Landau und Unternehmensberater. Zahlreiche Veröffentlichungen, u. a. zu Blaise Pascal.

https://de.wikipedia.org/wiki/Eduard_Zwierlein
www.csm-drzwierlein.de

Kerstin Degen ist Landschaftsarchitektin und Künstlerin, die ihre Kreativität in Gärten, Malerei, Zeichnung und Text verwirklicht. Ihr Atelier für Malerei und Zeichnung ist in einen Welterbegarten eingebettet. Zahlreiche Ausstellungen.

http://www.garten-von-degen.de

Der Umwelt zuliebe verzichten wir bei diesem Buch auf Folienverpackung.

Bibliografische Information der Deutschen Nationalbibliothek
Die Deutsche Nationalbibliothek verzeichnet diese Publikation in der Deutschen Nationalbibliografie; detaillierte bibliografische Daten sind im Internet über ‹http://dnb.d-nb.de› abrufbar.

1. Auflage 2023

www.echter.de

Gestaltung: Crossmediabureau, Gerolzhofen
Druck und Bindung: Friedrich Pustet, Regensburg

ISBN 978-3-429-05864-7